새로운 대안 〉 21세기 평신도 훈련 **인도자 지침**

21C Training for Layers

그리스도 안에서 정체성 확립

1 제자훈련

이진우 지음 ● CLC건강교회운동편

≋ 글샘

미국의 윌로우크릭 교회는 90년대 중반부터 한국에 소개되기 시작했다. 그리고 이 교회의 '구도자 예배' 를 기점으로 열린 예배와 시스템들이 놀랍게 확산되었다. 그런데 문제는 이 교회가 얼마 전 깜짝 놀랄만한 선언을 했다. 지난 32년 사역의 중심이 되는 철학과 그것을 구현하는 프로그램들을 점검한 책 〈Reveal: Where Are You?〉를 펴내었는데, 거기서 담임 빌 하이벨스 목사는 "지금까지의 사역 방향에 뭔가 큰 문제가 있다"고 고백했던 것이다. 그들은 "숫자로는 성공을 했는지 몰라도, 예수 그리스도의 참된 제자를 만드는 일에는 실패했다"고 했다. 이들이 발견한 핵심적인 문제는 무엇인가?

교회에 수많은 프로그램을 만들어서 교인들로 하여금 신앙적인 활동을 하도록 이끌었지만, 그것이 영적인 성숙함을 보장해주지는 않았다는 것이다. 물론 이 교회는 지금까지 교인들의 신앙 성숙을 위해서 예배, 성경공부, 소그룹, 자원봉사, 전도 등 엄청나게 많은 프로그램을 돌렸다. 교인들은 프로그램에 열심히 참여했고, 교회는 날로 성장했다. 하지만 교인들이 하나님과 이웃을 '정말로' 사랑하고 있는가? 내적으로 제대로 여물어가고 있는가? 그 물음에 자신 있게 '예스' 라고 대답할 수 없다는 결과가 나온 것이다. 그래서 반성적인 저들의 진단은 ─ 교인들을 온전한 주님의 제자로 양육하기 위해서는 프로그램에 의존하던 목회방식을 버리고, 스스로 성경을 읽고 하나님과 단 둘이 만나는 영적 교제에 들어갈 수 있도록 해야 한다는 것이었다.

존경받는 한 원로의 대담 내용이다. '우리 사회를 보면 각론은 없고 총론만 있어요. 명분을 내세우거나 거대 담론, 이념화를 너무 중시하는 것 같아요. 저는 총론주의자보다는 각론 주의자입니다. 각론을 하다보면 저절로 총론이 만들어질 수 있거든요.' 교회는 어떠한가? 원론에만 충실하여 복음을 정확히 이해하기만 하면 그리스도인의 삶을 잘 해나갈 수 있는 것인가? 기독교인이 성령 충만하기만 하면 다른 문제는 다 풀리는가?

그러나 현실은 그렇게 단순하지가 않다. 주일 예배에서 거룩하게 예배하던 저들이 생활 현장에서는 숨어있거나 자포자기식으로 살아가는 이중적 존재로 살도록 방치하고 있지는 않은가? 신자들이 주일 예배에서 감동을 받고 나가면 월요일의 직장생활을 잘하는 것이 아니다. 크리스챤 직장인으로서의 훈련이 따로 필요한 것이다. 사변적인 구원론만 공부 한다고 가정에서의 문제가 풀리는 것이 아니다. 주 안에서의 부모 노릇, 남편 노릇에 대해서는 따로 훈련해야 하는 것이다.

그런 관점으로 지금 한국교회의 훈련 과정이나 성경공부 내용을 분석해보라. 모두가 그저 총론에 머무는 수준이다. 원론만 다룬다. 그러나 뭐든지 실천 가능한 것이 온전한 진리가 아니겠는가? (요일 3:18) 자녀들아 우리가 말과 혀로만 사랑하지 말고 행함과 진실함으로 하자.

한국 교회 전반의 훈련 프로그램의 문제를 더 지적해보자. 우리의 훈련 내용은 한편으로 치우쳐 있다. 다분히 의도적이다. 무슨 말인가? 우리는 지금 '충실한 교인 만들기'에 온 힘을 쏟고 있는 형국이란 말이다. 교인을 교회 내에서 충성스런 사람이라고 할 수 있다면, 그리스도인은 진정 그보다 넓은 개념이 아니겠는가?

분명한 명제는— 모든 그리스도인은 주님의 제자가 되어야 한다는 것이다.
그러나 어떤 이가 그리스도의 제자인가? 모여서 성경 공부만 하는 것을 훈련이라고 생각해도 좋은가? 그건 제자훈련이 아니다. 기도훈련, 봉사훈련, 영성훈련, 드리는 훈련, 인내 훈련, 전도훈련, 공동체 훈련 등이 다 포함돼야 훈련이다.

우리 개신교는 한국에서 이제껏 겪어 보지 못했던 최고의 위기를 맞고 있다. 아직도 아프간 선교팀 피랍 사건을 생생히 기억한다. 어안이 벙벙할 만큼 터져 나왔던 세간의 비난들, 신문과 방송에서 무차별 쏟아내던 교회에 대한 비판들. 마치, 온 대한민국이 나서서 교회를 배척하는 것 같은 형국이 전개되었다. 그만큼 우리 사회에, 기독교에 대하여 부정적인 인식을 가진 사람들이 많다는 얘기이다. 세상은 더 이상 우리 기독교를 존중하지 않는다. 신뢰하지도 않는다.

한국 사회는 양극화 현상이 두드러진 사회이다. 교회도 마찬가지이다. 소위 대형교회들의 상황과 작은 교회들, 서울과 지방 도시 그리고 농어촌 교회의 상황은 전혀 딴판이다. 대형교회들은 다양한 훈련과정을 상설할 수 있다. 그럼으로써 신자들이 신앙인으로 살아갈 다양한 양분을 공급할 수 있다. 그러나 대부분을 차지하는 중소형 교회에서는 그것이 불가능하다. 결국 이 새 평신도훈련 과정에서 지향하는 바는 이 점이다. 기왕에 마련되는 훈련 과정에서 성도들의 삶의 필수 부분들이 다루어져야 한다! 그런 면에서 본래 이 교재가 지향하는 방향은 '중소형 교회를 위한 제자훈련'이었다.

그래서 이 교재는, 교회내부의 주제뿐만 아니라, 폭넓게 신앙인으로서의 삶의 제 영역을 고루 터치하는 것이다. 교재가 너무 사색적 사변이어서도 안된다. 결국 선택된 소수 엘리트 교인만이 받을 수 있는 것이 훈련인가? 난이도를 낮춰야 한다. 과제도 가능한 만큼만 부여하고 그것을 철저히 관리하여 성취감을 높여야 한다. 긴 시간 앉아 있어야 한다면 시간적으로 불가능한 맞벌이 부부나 본디 공부와는 상관없는 사람에게는 가혹한 일이다. 왜 그들은 제외되어야 하는가?

우리 모든 성도들이 그리스도의 제자가 되어 교회의 유용한 사역자로 동원되며 세상 속에서 증인으로 살아가도록 하는 것이 이 훈련의 목표이다.

2010년 초여름에 이진우

● 21세기 평신도 훈련 과정은

훈련생을 신앙인으로 세우는 제자훈련, 교회내의 평신도 사역자로 세우기 위한 사역훈련, 그리고 가정과 직장, 세상 속에서의 능력있는 삶을 사는 증인훈련으로 구성된다.

〈 본 과정의 훈련 흐름은 다음과 같다〉

비신자　전도＞　초신자　양육＞　제자　훈련＞　사역자　훈련＞　증인　＞　증인의 삶

•새가족반	•제자반	•사역반	•증인반	•파송
·구도자반	개인 (마8:23)	교회 (마9:37)	세상 (행1:8)	·가정지킴이 ·교회사역자 ·세상속의 증인

· 모든 처음 등록자는 새가족반을 이수하며, 완전 초신자는 구도자반으로 연계시킨다.
· 제자반에 들어가는 양육과정에 「52주 성경책별 연구」를 권장하며, 증인반을 수료한 후에는 심화과정으로 「성경 인물 집중 탐구」를 권한다.

● 훈련 교재의 특성

이 교재는 온전한 그리스도의 제자로 세우되 교회안의 교인만이 아니라 세상 속의 그리스도 인이 되는 것을 초점으로 하였다. 따라서 철저히 신앙의 생활화를 목적으로 하였다.

· 제1권 제자훈련은 21주제로 그리스도의 제자의 정체성 확립을 집중 탐구하였다.
· 제2권 사역훈련은 20주제로 그리스도의 교회의 지체로서 사역을 구비케 하였다.
· 제3권 증인훈련은 21주제로 가정과 직장, 세상 속에서의 증인의 삶을 다루었다.

본문 인용 본문을 먼저 제시하고 귀납법적 연구를 시도함으로써, 성구들만을 인용하는 주제별 공부의 문제를 극복하려하였다.
내용 성경공부 내용 전개는 사변적인 복잡함을 지양하고 단순화하였다.

암송 구절은 단발로 한 구절씩 암송함을 지양하고 문맥을 살리기 위해 때로 2~3절을 제시하였다(예- 요1:12-13, 갈5:22-23, 마5:3-10, 고전13, 롬12:1,2).

성경읽기 통독은 훈련 기간 중 신구약 1독을 하되, 역사적 순서 읽기를 도입하였다.

큐티 큐티는 줄거리 생각, 의미 생각, 실천 다짐의 형식으로 단순화 하였다.

파트너 기도 파트너는 주중에 피차간 중보기도를 하며 1회 이상 접촉한다(전화나 만남등).

헌신 공부 중 중요한 결단의 주제 때에는 '평생 서약서' 를 쓰고 헌신케 한다.

종강 각 권이 수료 될 때 마다 의미 있는 행사를 기획한다(1권 종료- 기도후원자 대회, 2권 종료- 재헌신의 날, 3권 총 수료- 증인파송식).

과제 부여

점진성 통독과 암송은 3주차부터, 큐티나 전도 등은 해당 주제를 다룬 후 부터 과제로 부여한다.

가벼움 맞벌이 등의 점점 분주해지는 일상 속에서 평신도가 감당할 수 있는 양의 과제로 분량을 줄이고 그리고 확실하게 점검한다.

실제성 과제가 따로 지정되어 있지 않은 경우에는 각 교회의 형편에 따른 구체적인 과제를 부여하도록 한다.

결석 결석자는 전원이 한 엽서에 글을 써서 부치며 총무는 개별적으로 전화 접촉한다.

테스트 1,2,3권 각권이 마쳐질 때마다 테스트를 거친다.

● 각 과의 구조

여는 시간

시작 전 준비시간이다.
차와 함께 주중의 삶을 나눈다.
찬양은 미리 철저히 준비하여 온전히 마음이 열리게 한다.
점검은 지난주 과제를 피차 파트너가 되어 서로 서명해준다.

닻 올림

당일 주제와 근접한 내용의 나눔이다.
일종의 마음 열기(Open Mind) 순서이다.

모두가 자연스레 참여하도록 유도한다.
단, 도입부이기에 너무 장황해지지 않도록 절제한다.

항해 지도

항해지도는 당일 다룰 성경본문이다.
인도자 혹은 한 개인이 읽거나 전원이 한 절씩 윤독하면 된다.
혹 인물들이 나오는 내용인 경우에는 인물을 분담하여 연극화 할 수도 있다.

지도 보기

성경 본문을 중심으로 한 성경연구이다.
대개 귀납적 접근 방식을 택하여 본문 관찰, 해석, 적용의 순서를 기본원리로 삼았다.

노 젓기

당일 주제를 보다 폭 넓게 다루기 위한 확장 내용이다.
신구약 성경의 본문들을 두루 활용하였다.
주제와 너무 멀리 나가지 않도록 유의한다.

닻 내림

당일 공부 주제에 대한 결론 혹은 보충이다.
필요시 신앙 서적이나 신앙위인의 글을 인용하기도 하였다.

*기도

당일 공부 주제를 중심으로 하여 지난날의 죄나 불성실에 대한 마음 바꿈, 그리고 미래의
실천을 위한 다짐이다. 이어서 조원 각 사람을 위한 중보기도를 빼지 말자. 요식 절차가 아
닌 뜨거운 집중기도의 시간이 되게 한다.

*과제

당일 주제를 가정과 주중 생활로 가지고 가도록 하는 실천 요강이다. 반드시 다음 주중에
점검을 할 일이다. 주중에 기도 파트너가 격려할 내용이기도 하다.

등대

당일 주제와 관련하여 실생활에 원리로 적용할 수 있는 엑기스를 제공한다. 집에 가서 복습
할때 보면 된다.(기도 파트너는 흩어지기 직전에 결정한다. 예– 각자의 이름이 적힌 쪽지를
통에 넣고 한 명씩 뽑는다. 뽑힌 종이에 적힌 이름이 주중의 기도 파트너이다.)

●훈련생 자격

새가족 반 과정을 마친 자
세례 받은 자
본 훈련 과정에 적극적으로 동의하고 순응하는 자
신체적, 정서적, 지식적으로 학습 가능한 자
가족의 허락을 받은 자
지원서를 중심으로 개인 면담
훈련 기간 중의 기도 후원자를 확보한 자

●훈련 기간 및 구성

전체 약 1년 반 소요(형편에 따라 각 과정 마치면 1개월 휴식 가능)
주 1회 모임 원칙
훈련 시간은 오전, 저녁, 새벽 등 교회 상황에 따름
각각 남제자반, 여제자반을 추천(필요시 혼성반 가능)
한 그룹은 7~8명이 적절

● 시간 운용

여는 시간
도착 10분 전부터 자유 대화와 인사
찬양 정각부터 20분간 (후, 인도자의 오픈 기도)
과제 점검 5분간
큐티 나눔 5분간

말씀과 토론
교재를 다룸 60분간

마무리
집중기도와 매듭 20분간
기도파트너 확인

● 훈련생의 실천 과제

1 **교재 예습** 예습할 때에는 연필로 기록하고 훈련 때는 볼펜 사용.
2 **성경통독** 매일 지정된 부분을 읽는다.
3 **큐티** 일주일에 5일 이상을 매일 큐티한다(노트에 기록 권장).
4 **기도** 매일 30분이상을 기도한다(기도노트 사용 권장).
5 **성경암송** 정해진 성경구절을 암송한다.
6 **생활과제** 그 주에 주어진 생활숙제를 한다.
7 **태신자** 계속 접촉한다(증인반 수료식때 동반함).
8 **후원** 기도 후원자와 주 1회 이상 연결.
9 **격려** 주중의 기도 파트너와 주 1회 이상 연결.

● 훈련생에게 다가오는 시험꺼리들

1 **과제물의 부담감** 일상과 가정생활의 분요함. 매일 세밀한 스케줄 필요
(못했을 때에는 그대로 오라!)

2 가정, 직장의 문제 가족, 친척, 직장에서 갈등과 문제가 생길 수 있다.
3 훈련생 상호관계 가치관, 기질 차이, 경쟁의식에서 오는 갈등이 있을 수 있다.
4 자신과의 내적갈등 건강문제, 권태와 회의('꼭 이런 식으로')등 자신과의 싸움.
5 지도자에 대한 부담 이야기하지 말고 계속 기도할 것.

● 훈련반 운영 규칙

리더(목회자), 총무(연락, 조원관리), 회계(재정 관리), 찬양담당(필요시 세움), 훈련원

A 훈련생 준칙

1 모임 시작 10분 전에 도착. 과제물 점검표를 작성.
2 지각과 결석은 사전 약속에 따라서 벌금을 부과.
3 무단결석 3회 이상은 수료할 수 없음.
4 결석자는 리더와 1:1로 보충수업을 해야 함.

B 훈련 장소

1 훈련원의 집을 돌아가며 오픈하되, 간단한(1식 3찬) 식사를 준비.
2 오픈 하우스에서는 당일 전화, 타인 방문을 조치.
3 오픈 하우스 주인은 공부 시작 전에 준비를 완료하고 공부 중의 이동은 금함.
4 좌석은 원으로 하고 인도자 자리에는 물을 준비.
5 각 좌석은 지난 모임 때와 다른 사람으로 정함.

C 훈련원간의 관계

1 훈련시의 대화 내용은 밖으로 나갈 수 없음.
2 피차를 존중하며 경어를 사용함.
3 훈련원간의 돈거래는 일절 금함.
4 생일 파티를 함(간소한 케익과 전원이 서명한 축하카드).
5 피차의 경조사에 헌신적으로 도움.
6 증인반을 마칠 즈음, 다음 훈련자를 추천하기.

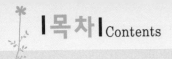

|목차|Contents

그리스도 안에서 정체성 확립 | **1 제자훈련**

| 과 | 주제 | 암송구절 | 성경 통독 |

21C Training for Layers

21세기 평신도 훈련

1부

그리스도　　안에서　　정체성 확립

제자　　훈련

*1 나의 고백

여는 시간

년 월 일 시 장소

차와 나눔

" 주님 앞의 喜怒哀樂 "

찬양 ♪♫

점검 "지난주 제자의 삶"
교재예습 (전혀못함 0, 1, 2, 3, 4, 5, 6, 7, 8, 9, 10 완벽함)
점검 파트너 이름 / 서명 /

큐티나눔 ●●

 닻 올림

'나는 이런 사람이다' 1분 동안 설명하기

 항해 지도

에베소서 4:22-24

 지도 보기

1 거짓 자아를 형성하는 질문들에 답해보라.

나는 무엇을 하고 있는가?

나는 무엇을 가지고 있는가?

다른 이들은 나를 어떻게 생각하는가?

각자의 고백은 다를 수 있다.

위 질문들을 하게 만든 당신 주위의 '그들' 은 누구인가?

부모, 형제, 친구, 이웃, 교우, 직장 동료 등 일 수 있다.

이 거짓 자아를 바울은 옛사람(육신flesh, 옛 성품)이라고 말한다.

이 옛사람을 우리는 벗어야 한다.

(22) 너희는 유혹의 (욕심)을 따라 썩어져 가는 구습을 따르는 (옛 사람)을 벗어 버리고

2 참 자아를 형성하는 질문들에 답해보라.

나는 하나님 앞에 누구인가?

하나님은 나를 어떻게 생각하시는가?

내가 그리스도인이라면 하나님 앞의 나, 하나님이 생각하시는 '나'가 진짜 나의 모습이다.

이 참 자아가 바로 '새 사람' 이다.

(엡 4:23,24) 오직 너희의 심령이 새롭게 되어 하나님을 따라 의와 진리의 거룩함으로 지으심을 받은 (새 사람)을 입으라

노 젓기

1 거짓된 자아상을 만드는 것은 부정적인 의식구조이며 대표적인 지배의식은 열등의식 혹은 비교의식이다. 당신은 자신과 이웃을 어떤 면에서 가장 많이 비교하는가?

세상이 만들어 준 나의 자아상(거짓된 자아상)은 대개 부정적이며,

특히 이는 누군가와 비교하는 데서 발생한다. 각자의 답을 들어보라.

참된 자아상은 긍정적인 의식에 기인하는데 그 대표적인 의식은 창조 의식이라 할수 있다. 창조 사건에서 본 나의 가치는? (창1:26)

하나님(전능하시고 지혜로우신)의 특별한 피조물로서

하나님이 친히 모델이 되어주신 바로서의 나의 가치!

2 그러나 범죄한 아담 이후 우리 모두는 '잃어버린 바' 된 존재였다. 예수께서 오신 목적은? (요10:10)

하나님으로 부터 잃어버린 바 되었고, 떠나버린 인간들… 그들을 찾아 예수께서 오셨다.

생명을 주시고 그로인한 풍성한 삶의 회복을 위해.

그 예수께서 자신을 죄인들을 위해 제물로 드리셨다. 십자가 사건에서 본 나의 중요성은? (롬8:32)

32절을 크게 읽으라!

나는 '하나님의 아들을 대신 죽게 하고 건질 만큼 하나님께 사랑스런 존재'이다.

상품은 그 가격으로 가치가 결정됨. 우리는? '그 예수님 짜리'.

3 세속적 가치관은 거짓된 자아상을 만든다. 요일2:15-16에 의하면: 우리에게 이 세상을 사랑하지 말라고 가르친다. 사랑하지 말아야 대표적 세 가지는?

육신의 정욕, 안목의 정욕, 이생의 자랑

① 육신의 정욕: 본문에서는 '영적인'것과 대조를 이루는 악한 욕망의 근원을 의미.

'육신의 정욕'은 타락한 사람의 본성으로 하나님을 대적하고 자기 만족 만을 추구하는 자세.

② 안목의 정욕: 이것은 외적인 것을 봄으로 유혹을 일으키는 성적인 욕망은 물론

모든 사물을 탐닉하는 욕망을 의미.

③ 이생의 자랑: 세상적인 물질이나 명성에 대해 과대 평가하여 자랑하는 허세를 의미.

이것을 예수님의 시험 현장(마4:1-11)으로 비교하면:

돌을 떡이 되게 하라 (육신 **) 적 욕망**

절하면 보이는 세상 다 주겠다 (안목 **) 적 욕망**

성전에서 뛰어내려 유명해져라 (이생 **) 의 욕망**

결국 예수님은 말씀으로 사단과 그 시험을 물리치셨다.

우리의 존재의 중심에는 하나님이 계시다. 그리고 밖에는 세상이 있다.

내 자아가 어디를 향하는가에 갈림길이 있다.

세상 ← **자아** → **하나님**

닻 내림

한국 시민으로서 권리나 자유는, 그가 한국에서 태어났다는 한가지 이유만으로 헌법에 쉽게 보장을 받는다. 마찬가지로 나는 그리스도를 믿음으로, 하나님의 거룩한 백성으로 태어났다는 단순한 이유만으로, 나는 다음과 같은 신분을 보장받는다.

' 나는 세상의 빛이다(마5:14). 나는 그리스도의 친구이다(요15:15). 나는 그리스도의 몸의 지체이다(고전12:27). 나는 성도이다(엡1:1). 나는 하나님의 피조물로, 그리스도 안에서 그의 일을 하도록 거듭났다(엡2:10). 나는 성도와 동일한 시민이요 하나님의 권속이다(엡2:19). 나는 빛의 아들이요, 어둠의 자식이 아니다(살전 5:5). 나는 하나님의 자녀로 그리스도께서 재림하실 때 그리스도와 같게 될 것이다(요일3:1,2). 나는 '스스로 있는 자'가 아니며(출3:14) 나의 나된 것은 하나님의 은혜이다(고전15:10).'

당신이 그리스도 안에 있기 때문에 이 모든 사실이 당신에게 해당되며, 이 사실은 더 이상 변경시킬 수가 없다. 다만 하나님께서 하신 말씀을 믿음으로써 당신의 생애에서 이 특권을 잘 누릴 수 있다.

prayer & homework

*기도

자신의 생의 주인 되심을 감사, 옆 사람의 영적 승리를 위해

*과제

'나 개인의 간증' 작성해오기
(길이: 3분, 구성: 내가 그리스도인이 되기 전의 삶, 그리스도를 영접하게 된 과정, 지금 그리스도인이라는 것이 내게 주는 의미)

>> 당당해지는 15가지 방법

1 두려움을 버려라.

2 열정을 가져라.

3 분석하고 평가하라.

4 독립적 사고를 하라.

5 현실에 만족하라.

6 환하게 웃어라.

7 무언가에 푹 빠져라.

8 한순간도 자신을 의심하지 마라.

9 허리를 꼿꼿이 펴라.

10 당신이 믿는 것에 단호하라.

11 부끄러움 없는 야심으로 밀고 나가라.

12 능력을 발굴하고 약점은 무시하라.

13 싫은 것은 당당히 'NO' 라고 말하라.

14 웃음거리가 되는 것을 두려워 마라.

15 어떤 것도 지나치게 심각하게 받아들이지 마라.

*2 성부 하나님

여는 시간

년 월 일 시 장소

차와 나눔
" 주님 앞의 喜怒哀樂 "

찬양 ♪♪

점검 "지난주 제자의 삶"
교재예습 (전혀못함 0, 1, 2, 3, 4, 5, 6, 7, 8, 9, 10 완벽함)
특별과제 (전혀못함 0, 1, 2, 3, 4, 5, 6, 7, 8, 9, 10완벽함)
점검 파트너 이름 /   서명 /

NEW특별과제

큐티나눔 ●●

닻 올림

'하나님'이라는 단어에 제일 먼저 떠오르는 당신의 생각은?

항해 지도

이사야 6:1-8

지도 보기

웃시야 왕은 훌륭한 인격자로서 전쟁보다는 평화를 추구하던 왕이었으며 이사야 선지자와도 친숙한 인물이었다. 그런 웃시야가 세상을 떠나게 되자(B.C 740년) 백성들은 큰 슬픔에 빠지게 되었다. 이 같은 애통함은 성전에 들어가는 이사야에게도 가득했다.

1 본문에 등장하는 인물은 각각 누구인가?

웃시야(죽음), 나(이사야), 주(여호와 하나님), 스랍들(천사)

2 스랍들은 무슨 역할을 했는가?

주를 모시고 창화(노래).

3 이사야가 이 사건을 통해 오감으로 인식한 바는 각각 무엇인가? (1-4)

눈- 봄, 귀- 들음, 온몸- 터의 요동 느낌.

그리고 그의 영이 깨달은 바는? (5)

자신의 부정함을 절감- 망하게 되었도다.

4 '무엇'을 통하여 이사야는 자신이 실로 '어떤' 존재인지를 깨달았는가?

절대 거룩하신 여호와를 뵘으로 상대적으로 추한 자신의 실체를 직시케 됨.

지금 하나님 앞에 선 나의 모습은 어떠한가?

각자의 고백(빛 앞에 다가갈수록 누추함으로 보게 된다!).

5 하나님께서 이사야에게 말씀하시기 전에 핀 숯이 입에 대어진 까닭은 무엇인가?

먼저 죄의 정결케 됨, 태워짐이 필요했다.

(이 일련의 상징적인 행동은 다만 선지자에게 그의 죄가 사해졌음을 확신시키려는 의도에서 이루어진 것이며, 결코 '핀 숯' 자체가 정화의 능력을 가진 것은 아님).

이사야의 이 경험이 하나님에 대한 그의 생각을 어떻게 변화시켰을까?
(특히 성품에 관해)

거룩하심을 깊이 체험.

인간 스스로는 결코 하나님을 발견할 수 없다. 하나님께서 자신을 계시(啓示)해 주시지 않으시면 사람은 결코 하나님을 알 수 없다. 하나님은 성경을 통하여 자신을 계시하셨으며 성경에는 하나님의 성품에 대한 통찰로 가득 차 있다.

1 성경이 보여주는 하나님은 어떤 분이신가? (창1:1)

창조주- 절대 무(無)에서 유(有)를 지으신 전능하신 신.

합리적인 사고방식만을 인정하는 현대 과학을 기초부터 흔들고 있는 것이 창조의 교리이다(요4:24).
이 말은 어디에도 갇힐 수 없는 분이심을 뜻한다. 이 세상 그 어떤 것도 그분을 묶을 수 없고 특히 '죄' 에 대하여 자유하신 분이심을 말한다.

2 다음은 하나님의 어떤 속성을 보여주는가?

(욥42:2) 능치 못하심이 없음(전능하심).

(요일4:8) 하나님은 사랑이심(가장 본질적인 속성이심).

위에서 당신에게 가장 다가오는 것은 무엇인가?

각자의 답에서 각자의 요즘 신앙 상태를 가늠해 볼 수 있음.

3 다음은 하나님의 어떤 면을 보여주는가?

(시7:9)   의로우심(불의를 용납지 않으심).

(계11:17)   영원하심, 전능하심.

 위에서 당신에게 가장 다가오는 것은 무엇인가?

역시, 각인의 영적 필요를 추측해볼 수 있다.

4 그 하나님께서 미워하시는 일은 무엇인가?

(잠6:19)   거짓과 이간질을 미워하심.

(잠16:5)   교만을 미워하심

위에서 당신에게 가장 다가오는 것은 무엇인가?

찔림으로 다가움(최근, 하나님의 미워하시는 바의 일을 행한 경험이 있는가).

5 하나님은 인간에 대하여 어떤 생각을 갖고 계시는가? (딤전2:4)

죄에서 구원받기를 열망하심

(그러나 이는 만인 구원론을 말하지 않는다. 구원은 모든 사람을 위해 예비 되었지만 그 구원을 받아들이는 사람만 구원을 얻는다. 바울은 본 절을 통해 어떤 계층이나 종족의 특성 때문에 구원의 대상에서 제외되지는 않음을 말하는 것임).

요즘 우리는 너무나 부요한 시대를 살고 있지 않은가? 하나님의 말씀을 듣고 그 말씀을 통해 망가진 하나님과의 관계를 새롭게 회복해야겠다는 갈망을 갖기보다는 종교적인 행위나 습관적인 교회출석으로 이러한 결함들을 보상해보려고 한다. 하지만 언제나 자신의 영혼은 공허함을 경험한다. 하나님이 가장 기뻐하시는 것은 당신이 하나님과의 올바른 관계로 돌아오는 것이다. 누구도 하나님과의 올바른 관계로 돌아오기 전에 하나님을 기뻐할 수도 없고 하나님을 기쁘시게 해드릴 수도 없다는 것이다.

6 그 하나님께서는 당신에게 무엇을 요구하시는가? (신10:12)

전 인격 전 삶으로 하나님을 높이고 섬김.

이에 대한 당신의 반응은 무엇인가?

진지한 결단을 유도함.

그분은 우리에게 전인격적인 섬김(with all your heart and soul)을 원하신다. 하나님은 인간을 다루시는 모든 것에 있어서 우리의 유익을 위하여 일하신다. 따라서 우리는 형통할 때 감사하는 마음을, 일상생활에서는 자족(自足)함, 불행할 때는 순복(順服)을… 이 모든 경우에서 하나님은 우리의 순종과 주님께 대한 신뢰를 기대하신다.

 **닻 내림**

"나의 하나님, 찬양을 받으소서. 나는 어떤 은혜도 받을 자격이 없사오니, 당신은 끝없이 고상하시고 선하시어 은혜를 모르는 자들에게도 한없이 은혜를 베푸시고(마5:45) 당신에게 등을 돌리고 멀리하는 자들에게도 끝없이 은혜를 베푸십니다. 우리로 하여금 돌아서서 당신께로 향하게 하시고 감사하고 겸손하며 믿음을 지니게 하소서. 왜냐하면, 당신은 우리의 구원이요, 우리의 용기요, 우리의 힘이시기 때문입니다"

prayer & homework

*기도

하나님을 내 인생의 참 주인으로 섬기는 삶을 살기를 다짐

*과제

다음 주에 올 때는 성경읽기, 암송의 첫 회를 준비해온다(끝날 때까지 진행됨).

≫ 하나님의 존재에 대한 7가지 증거

1 성경이 하나님의 존재를 증거합니다(시19:1, 롬1:20).

하늘이 하나님의 영광을 선포하고 궁창이 그의 손으로 하신 일을 나타내는도다.

2 양심이 증거합니다(롬2:15, 행17:23).

조용한 시간에 자기 자신을 바라보고 솔직하게 물어보면 양심은 분명히 '하나님이 계시다'고 대답합니다.

3 '원인이 없는 결과는 없다'는 우주론적 논증이 증거합니다.

만일 지금 쓰고 있는 컴퓨터가 저절로 생겼다고 하면 우스운 일이 아닌가? 우주는 컴퓨터보다 훨씬 정교한 규칙에 의해 움직이며 이는 하나님이 하시는 일입니다.

4 설계로부터의 목적론적 논증이 증거합니다.

새들의 색깔이나 동물들의 보호본능은 그것을 그렇게 설계하고
창조한 분의 결과물입니다.

5 인간은 도덕적이라는 인간론적인 논증이 증거합니다(창1:26, 시94:9).

6 생명은 생명에서 나온다는 생명논증(the original life)이 증거합니다(시36:9, 요11:25, 요14:6, 요10:28).

콩에서 콩 나오고 개에서 개가 나옵니다.

7 일치성으로부터의 논증이 하나님의 존재를 증거합니다(히11:6).

무신론은 인간들을 다만 어둠과 절망으로 인도할 뿐입니다.

*3예수 I

여는 시간

| 년 | 월 | 일 | 시 | 장소 |

차와 나눔
" 주님 안의 喜怒哀樂 "

찬양 ♪♩

NEW
성경읽기, 성구암송

점검 " 지난주 제자의 삶"
성경읽기 (전혀못함0, 1, 2, 3, 4, 5, 6, 7, 8, 9, 10완벽함)
성구암송 (전혀못함0, 1, 2, 3, 4, 5, 6, 7, 8, 9, 10완벽함)
교재예습 (전혀못함0, 1, 2, 3, 4, 5, 6, 7, 8, 9, 10완벽함)
특별과제 (전혀못함0, 1, 2, 3, 4, 5, 6, 7, 8, 9, 10완벽함)
점검 파트너 이름 /　　　　서명 /

큐티나눔 ●●

닻 올림

'예수 그리스도'의 생애 가운데 가장 먼저 기억나는 사건은?
그 이유는?

항해 지도

마가복음 11:15-18

지도 보기

예루살렘 성전 내 이방인의 뜰에서 순례자들은 이미 제사장에게 제물로 합당하다고 확인받은 짐승을 상인들을 통해 구입하고 성전세를 내기위해 이방 화폐를 성소의 세겔로 바꿀 수 있었다. 그러나 점차 본래의 목적은 상실되고 상인과 종교 지도자들은 서로 결탁하여 갖가지 부정과 부패를 자행하였다. 이에 예수님은 완력도 불사하시며 성전 정화작업을 수행하셨다. 성전은 하나님이 당신의 백성을 만나주시는, 그리고 기도하는 처소로써 거룩히 보존되어야 하기 때문이었다.

1 마지막 주간, 예루살렘 성전에 들어가신 예수께서 하신 일은? (15,16)

성전 정화- 성전 안의 장사하는 행위들을 척결.

(예수께서는 성소를 둘러싸고 있는 바깥뜰인 이방인의 뜰로 들어가셨다. 대제사장 가야바는 성전 제사를 드리기 위하여 필요한 순결한 품목들을 그 곳에서 사고 팔 수 있도록 허락해 주었다. 그 자리에는 돈을 바꾸는 일들이 성행했으며 거래는 보통 강탈과 사기 속에서 행해졌다. 예수께서는 특별히 이방인들이 사용하도록 구별해 놓은 성전 뜰을 무시하고 소란을 피웠기 때문에 노했던 것이다).

2 성전은 그 본래의 목적이 어떻게 변했는가? (17) (참조 사56:7)

본래 만민의 기도하는 집

변질 강도의 소굴

예수의 이러한 대담한 행동은 사람들의 주의를 사로잡았고, 그는 성전에 대한 하나님의 목적에 관해서 그들에게 가르치셨다. 예수께서 노하신 것은 성전을 거절하신 것이 아니라 속이는 장사꾼들에 대한 예수의 거절이었다.

이러한 행동은 예수의 어떤 권위를 드러내 보이는 것일까?

메시야로서의 예수는 대제사장들보다 성전에서 더 큰 권위를 가지고 있음을 보이심.

3 종교지도자들이 예수를 두려워한 이유는 무엇인가? (18) (참조 막1:22)

사람들이 예수의 교훈에 매료됨(형식적인 서기관들의 가르침과 전혀 달랐다).

요7:46의 상황을 설명해보자.

43-47절을 살펴보라. 예수를 체포하러 보냈던 관리들이 오히려 그 가르침에 설복되어 그냥 돌아옴.

그는 가르치는데 많은 시간을 보내었다. 비유(마13장)로, 교훈(마5-7 산상보훈)으로 나타난 그의 가르침은 매우 분명하고 완전해서 사람들을 그에게로 끌어들였다.

4 나아가 그의 행동은 그의 가르침을 뒷받침했다. 다음 구절들은 그의 어떤 면을 보여주는가?

(요8:29)   하늘 아버지의 뜻대로만 행하심.

(요13:12)   몸소 행함으로 모본을 보이심.

 노 젓기

1 예수님의 주장– 예수님의 자신에 대한 이야기는 그의 메시지의 중심이 되었다. 예수님의 행위는 대단히 자기희생적이었으나 그의 주장들은 매우 자기중심적이었다.

그의 질문 (마16:13)   사람들이 나를 누구라 하는가?

그의 답변 (마16:16,17)   베드로의 답변을 그대로 받아 자신을 소개하심- 하나님의 아들이심.

당신이라면 그 질문에 뭐라고 답할 수 있겠는가.

간단한 신앙 고백을 받아볼 수 있다.

* 예수란 이름은 자기 백성을 저희 죄에서 구원할 자라는 뜻이며(마 1:21), 그리스도는 직명으로 기름 부음을 받은 자(마 1:16)라는 뜻을 가지고 있다.

2 요한이 기록한 예수님의 또 다른 주장들을 요약해보자.

(요8:12)   세상의 빛

(요10:9)   문(구원의 문)

(요10:36)   하나님 아들

(요14:6)   길, 진리, 생명

(여기 "길", "진리", "생명"이란 말이, 헬라 원문에는 모두 다 "그"라는 관사를 가지고 있어서, "그 길", "그 진리", "그 생명"을 의미한다. "그 길"은 유일한 길이요(행 4:12), "그 진리"도 유일한 진리요, "그 생명"도 유일한 생명 근원을 가리킴)

위의 주장에 공감을 할 수 있는가? 혹은 의문이 있는가?

특히 개인적으로 경험적으로 고백되어지는 묘사가 있는지 들어보라.

3 특히 예수님은 자신을 무엇이라고 즐겨 부르셨는가? (마9:6)

인자(人子).

당시의 유대인들에게 '인자' 는 모든 사람이 받들 지배자에게 주어지는 특별한 이름이었다.(단7:13,14 참조) 나사렛 출신의 보잘것없는 목수가 자신을 이렇게 호칭할 때 이는 충격적인 일이었다.

4 고후5:17을 자신의 말로 써보라.

각자 말해보기.

예) 누구든지 그리스도를 믿으면 새 사람이 된다. 낡은 것은 사라지고 새것이 나타났다.

닻 내림

종종 예수께서는 하나님만이 하실 수 있는 일들을 행하셨다. 그는 죄를 용서했으며 (막2:5-12), 죽은 자를 무덤에서 부르셨다(요11장). 새 삶으로 사람들을 초대하는데 있어서도 그는 '하나님께로 가라' 하지 않고 '나에게 오라' 고 하셨다. 그는 또한 '하나님을 따르라' 하지 않고 '나를 따르라' 하셨다. 예수께서는 자신이 '누구' 인지를 분명히 알고 계셨다.

예수 그리스도는 참 하나님이요, 참사람이다. 그는 세상에 오시기 전에 하나님과 함께 계셨다. 그는 성령으로 잉태되어 동정녀 마리아에게서 탄생하셨다(사 7:14). 그는 완전한 하나님이시며, 완전한 사람으로서(빌 2:6-11) 죄와(히 9:12) 사망과(롬 6:23) 마귀로부터 당신을 구원하기 위해 오셨다. 예수 그리스도의 생애를 종합한 결과, 그에 대한 당신의 결론은 무엇인가.

prayer & homework

*기도

주 예수 그리스도를 나의 구주 왕으로 고백하기

*과제

1인 이상에게 '내가 아는 예수님' 에 대해 말하기

» 예수님의 일생 12장면

1 예수님은 만물이 창조되기 전부터 계셨다.

2 예수님은 동정녀 마리아의 몸을 빌려 이 땅에 오셨다.

3 예수님은 태어난 지 8일 만에 할례를 받으셨다(눅2:21).

4 예수님은 12세 되던 해 예루살렘 성전을 방문 하셨다(눅2:41-48).

5 예수님은 30년 동안 나사렛에서 목수로 아버지를 도우며 사셨다(막6:3).

6 예수님은 6개월 동안 유다, 사마리아, 갈릴리에서 사역하셨다.

7 예수님은 갈릴리 가나에서 최초의 기적을 베푸셨다(요2:1).

8 예수님은 8개월 동안 가버나움, 갈릴리에서 사역하셨다.

9 예수님은 약 1년 동안 갈릴리에서 사역하시며 산상수훈을 하셨다.

10 예수님은 약 6개월 동안 가버나움, 베니게, 베세다, 가이사랴, 빌립보를 여행하시면서 하늘나라의 복음을 가르치고 설교하셨다.

11 예수님은 마지막 1주일간 종려주일, 최후의 만찬, 겟세마네 심판, 십자가에서 죽으시고 그 이후 예언대로 3일 만에 부활하셨다.

12 부활하신 후 40일 동안 보이신 후에 하늘로 승천하셨다(행1:1-10).

*4 예수 2

여는 시간

년   월   일   시   장소

차와 나눔
" 주님 안의 喜怒哀樂 "

찬양 ♪♪

점검 "지난주 제자의 삶"
성경읽기 (전혀못함0, 1, 2, 3, 4, 5, 6, 7, 8, 9, 10완벽함)
성구암송 (전혀못함0, 1, 2, 3, 4, 5, 6, 7, 8, 9, 10완벽함)
교재예습 (전혀못함0, 1, 2, 3, 4, 5, 6, 7, 8, 9, 10완벽함)
특별과제 (전혀못함0, 1, 2, 3, 4, 5, 6, 7, 8, 9, 10완벽함)
점검 파트너 이름 /   서명 /

큐티나눔 ●●

닻 올림

'십자가'라는 말은 당신에게 무엇을 떠오르게 하는가?

항해 지도

마가복음 15:33-39

지도 보기

1 아래의 '그 날' 이라는 기사의 빈 ( )를 채워보자.

'금요일이 밝아오고 있었다. (산헤드린)공회는 서둘러 예수의 건을 마무리 지으려했다. 해 뜰 때 재판을 시작하는 로마의 관례에 따라 로마 (총독)의 재판을 받기 위해 새벽에 예수를 빌라도에게로 끌고 갔다. 예수의 무죄를 눈치 챈 빌라도는 명절 특별 사면을 이용해 예수를 석방하고자 했다. 그러나 민란을 일으킬까 두려워 저들을 만족케 하는 쪽을 택했다.

로마 군병들은 나사렛 예수에게 왕의 색인 (자색)의 옷을 입히고, 가시로 면류관을 만들어 씌우고, 갈대로 홀을 만들어 들린 후 왕에게 하는 예우를 풍자하여 온갖 희롱과 모욕을 퍼부었다. 그 후 (골고다) 언덕까지 십자가 형틀을 지고 가게 한 후 거기서 각각의 양 손목 부위와 포갠 두 발 위에 못질을 하였다.'

(보기― 산헤드린, 총독, 자색, 골고다)

2 예수님이 못 박히시고, 제 육시(정오)와 제구시에 일어난 일은?

(33)   어둠이 임함

(34)   큰 소리 지르심(엘리 엘리 라마 사박다니).

이 '특별한' 고통을 설명할 수 있는가?

The Passion 영화를 상기하라. 이 참혹한 고난이 다가 아니었다.

하나님으로부터의 분리의 고통(예수의 부르짖음은 아버지 하나님에 의해 법적인 의미에서 버림을 받음을 의미. 그러나 그 가운데서도 하나님과의 진실한 관계는 유지되고 있었음).

육신적 고통(십자가 위에서 물과 피를 다 쏟음) + 정신적 고통(제자들과 모든 사람들 로부터 버림과 멸시를 받음) + 영적 고통(하나님께로부터 외면당함)

온 인류를 대신하여 죄를 짊어지셨기에 하나님께도 외면을 당하고 있는 영적 고통 까지도 겪고 계셨다. 태초 이래 한분이던 삼위 하나님의 나뉨의 그 순간이 아니었 겠는가(참조 시22:1).

3 운명하시던 순간 어떤 일이 일어났는가? (38)

예루살렘 성전의 성소와 지성소를 가로막는 휘장이 찢겨져 내림

이는 성전 희생 제사가 더 이상 필요치 않게됨을 보여 주면서, 구약 희생을 완성시 키신 그 죽음의 의미를 더욱 분명히 하는 것이다(마27:45-56).
이렇게 새롭게 열려진 은혜를 최초로 누리게 된 이방인은 누구였는가? 로마 군대 의 백부장, 그는 십자가에 달리신 예수님께 하나님의 아들이시라는 사실을 공적으 로 고백한 최초의 인물이요, 장차 그리스도 안으로 들어가게 될 수많은 이방인의 첫 열매가 된 것이다!

노 젓기

1 베드로의 설교의 핵심은 무엇인가? (행3:14,15)

바로 너희가 메시아를 죽였다! 그러나 하나님이 그를 살리셨다.

2 예수 그리스도는 과연 다시 사셨는가? 그 증거들…. 차분히 이해를 도모하라.

1 시체의 사라짐— 이에 대해 '무덤을 오인', '시체를 도적질', '기절설'등이 제기되었
  으나, 법률가 모리슨(F.Morison)은 '누가 돌을 옮겼는가'에서 무덤은 예수께서 부활
  하셨기 때문에 비어있었다는 결론을 제시한다.

2 주님의 다시 나타남— 각 복음서의 끝부분과 사도행전의 처음 부분이 기록하고 있
  다. 특히 고전 15장은 부활 후 20년 후의 기록으로써 증인의 태반이 살아있음을 알
  려주고 있다.

3 교회의 출현— 일세기의 로마의 핍박 하에서도 교회는 급속한 성장을 보였다. 이는
  주의 부활을 목격한 제자들의 담대한 증거와 순교에 의해서였다.
  이 부활의 소식은 40년이 채 지나지 않아 소수이지만 당시의 대제국 로마의 수도 로
  마에게까지 전해졌다. 당국이 아무리 소문을 막으려 해도 부활의 소식은 멈출 줄 모
  르고 전파되어졌다. 당시의 헬레니즘은 이러한 몸의 부활을 전적으로 부인했다.

3 예수님의 부활이 우리에게 가져다 준 축복은 무엇인가?

(롬 4:25)

우리를 위하여 살아나심은 대속의 결과인 '의'를 보증하고 선포하시기 위함이었다.

(예수께서 우리를 위하여 내어 줌이 되었다는 것은 우리 죄를 위한 대속적(代贖的)인 죽음을 의미

한다.)

(고전 15:20,22)

부활의 1번 주자, 첫 열매가 되심

("잠자는 자"란 말은 죽은 자들을 비유한다. "첫 열매", 하나님께 처음 익은 열매를 바치면, 수입되는

곡식 전부를 바치는 것과 마찬가지의 의의(意義)를 가진다. 마찬가지로 그리스도께서 다시 살아나심

으로 그의 백성의 부활도 얻어진 것이다. 그는 머리요 그의 백성은 몸이니, 머리가 부활하였은즉 몸

된 교회도 부활하도록 되어있음).

닻 내림

그가 부활하심으로 인류가 구원받을 수 있는 길이 마련되었다. 부활하신 예수님은 만왕의 왕이요, 만유의 주가 되신다. 예수님은 삼일 만에 완전한 육체를 가지고 부활하셨다. 그는 지금 하나님 우편에 계시면서 재림을 준비하고 계신다. 그의 부활은 우리 자신의 부활을 보증하는 첫 열매가 되었다.

1 빈 ( ) 채우기

"또 증거는 이것이니 하나님이 우리에게 영생을 주신 것과 이 생명이 그의 (아들) 안에 있는 그것이니라 아들이 있는 자에게는 (생명)이 있고 하나님의 아들이 없는 자에게는 생명이 없느니라" (요일 5:11-12)

prayer & homework

*기도

주님의 부활의 기쁨을 내 생활 속에서 회복하게 하소서

*과제

가족이나 이웃에게 오늘 배운 내용을 요약하여 말하기

등대

▶▶ 예수 그리스도의 죽음의 8가지 이유

1 하나님에 의하여 예언되었다(사53:8, 단9:26).

2 하나님에 의하여 정해졌다(사53:6, 사53:10, 행2:23).

3 속죄이시다. '속죄'는 구약에 76번 나오고 신약에는 히10:26에 1회 나온다.

4 화목제물이시다. 이 낱말은 속죄소의 개념이다(요일2:2).

5 대속이시다. 다른 사람의 죄의 벌을 대신 받는 것을 뜻한다(요10:11).

6 구속이시다. 죄에 구속받고 있는 죄인의 속전 지불이시다(벧전1:18-19).

7 화해이시다. 하나님과 원수인 인간이 하나님과 친구가 되었다(롬5:10).

8 왜 죄 없는 예수 그리스도께서 죽어야만 했는가?

죄인은 그 죄 때문에 죽어야 한다는 사실은 너무나 당연한 일이다. 죄는 죄를 지은 사람에게 죄의 대가를 지불할 것을 당연히 요구한다. 하나님의 공의의 속성은 사랑의 속성과 조화를 이루어야 한다. 그래서 하나님의 공의의 요구를 충족하기 위하여 죄인인 우리의 죄를 대신 짊어지고 죄 없는 예수님께서 십자가에 못 박혀 돌아가시도록, 그래서 우리의 죄의 문제가 완전히 해결되도록 하신 것이다.

예수 그리스도께서 우리 목자로 오신 것은 한편으로는

생명을 얻게 하려 위함이었고

또 한편으로는 풍성한 삶을 살게 하시기 위해서였다.

37

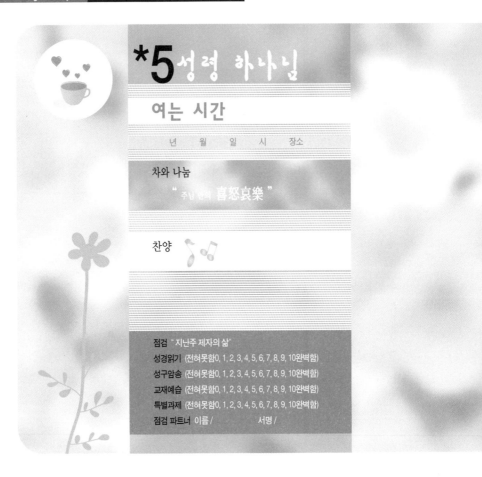

*5 성령 하나님

여는 시간

년   월   일   시   장소

차와 나눔

" 주님 안의 喜怒哀樂 "

찬양

점검 "지난주 제자의 삶"
성경읽기 (전혀못함0, 1, 2, 3, 4, 5, 6, 7, 8, 9, 10완벽함)
성구암송 (전혀못함0, 1, 2, 3, 4, 5, 6, 7, 8, 9, 10완벽함)
교재예습 (전혀못함0, 1, 2, 3, 4, 5, 6, 7, 8, 9, 10완벽함)
특별과제 (전혀못함0, 1, 2, 3, 4, 5, 6, 7, 8, 9, 10완벽함)
점검 파트너 이름 /   서명 /

큐티나눔

닻 올림

'성령'에 대해 당신이 처음 들었던 것은 언제인가?

항해 지도

사도행전 2 : 1-4

지도 보기

예수 그리스도께서는 성령(保惠師)을 보내 주시겠다고 약속하셨으며 부활 50일 후, 오순절에 성령이 이 땅에 임하셨다. 다락방에 모여서 기도하던 120명이 모두 다 성령의 충만을 받고 각기 다른 방언으로 말하게 되었다. 오순절의 구약적 의미는 애굽의 노예 생활에서 해방된 이스라엘 백성이 약속의 땅 가나안에 거주하면서 첫 열매를 수확한 기쁨과 감사의 절기이다. 신약 시대의 오순절은 그들의 기쁨과 감사인 수확의 첫 열매이신 예수님 대신에 보혜사 성령이 강림하신 날이며 교회가 새롭게 출발하는 날이 된 것이다.

1 본문을 육하원칙에 의해 정리해보자.

누가 (1:15)

120명 성도(감람산에서 돌아온 사람중 일부)

무엇을

성령의 충만함

언제

오순절 날

어디서 (1:13)

다락방

(원문에서 '그 다락' 혹은 '그 방'이라고 한 것을 볼 때 이 다락은 이미 잘 알려진 곳이라는 것을 알 수 있다. 따라서 이 다락방은 예수께서 십자가에 못 박히시기 전에 그의 제자들과 함께 유월절 만찬을 드셨던 방인 것 같으며(막 14:12-16) 또한 부활하신 주님께서 제자들 중 몇 사람에게 나타나셨던 적이 있는 바로 그 방이었을 것이다(눅 24:33-43;요 20:19-26). 다락방은 초대교회의 터전이기도 했던 마가의 다락방으로 추측된다).

왜 (1:4,5)

성령님의 충만

(본 구절은 오순절에 성령 세례와 성령 충만의 사건이 거의 동시적으로 발생했음을 암시한다. 제자들에게 성령세례의 증거는 방언이었다. 그들은 성령을 받고 자신들이 아직 배운 바가 없는 언어로 말하기 시작했고, 다른 여러 지방에서 온 사람들은 그것을 이해했다).

어떻게

방언으로 말하기 시작

그들은 다 성령으로 세례를 받되 '충만함'에 이른 것이다. 그러나 '방언'이 꼭 그 징표인 것은 아니다. 예수를 믿는 자는 예외 없이 성령세례를 선물로 받으며, 이는 체험을 수반할 수도 있지만 그렇지 않은 예가 허다하다. 성령세례는 반복되지 아니하며, 성령을 받은 그리스도인은 성령을 마음속에 모시고 사는 자이다.

2 그들이 성령을 받기 전과 후를 설명해보라.

(마28:17)　부활의 주님을 믿지 못하고 의심하기도 함.

(행2:43)　성령 충만을 입은 사도들은 기적들을 행함

(사도들은 성령을 통하여 표적과 기사들을 많이 행했다(4:30; 5:12; 6:8; 8:6, 13; 14:3; 15:12). 그것들은 예수께서 지상에 있을 때 행하신 기적들이 하나님 나라의 표적들이었던 것과 같은 성격을 지니고 있다).

이 두 경우의 극명한 차이는 성령에 있다. 지금 나의 경우는 어떠한가?

성령 충만은 생기있고 능력있는 성도의 삶의 근본원인이다. 각자를 열어보라.

노 젓기

1 성령은 인격이신 하나님이시다. 서로를 연결해보자.

(고전2:11) ············· **성령은 지성(Mind)을 갖고 계시다**

(엡 4:30-32) ····· **성령은 의지(Will)를 갖고 행하신다**

(롬8:14) ····· **성령은 감정(Emotion)을 갖고 계시다**

성령은 인격적인 분이시다. 이 사실은 당신에게 어떤 생각을 갖게 만드는가?

행여 성령을 비인격적 존재로 알지 않도록 교정. '성령님'으로 마음에 새겨두자.

성령은 하나님이시다. 그분은 어떤 힘이나 영적 그림자나 비인격이 아니라 스스로 움직이시고 행동하신다. 그분은 하나님과 예수 그리스도를 대신하여 궁극적인 하나님의 뜻을 이루어가신다.

2 성령이 개인에게 임하는 시기는 언제인가? (행 19:2)

예수 그리스도를 믿을 때

(에베소 교인들의 대답에 바울은 뜻밖이라는 표정을 지었을 것이 분명하다. 왜냐하면 성령을 받지 않고서는 예수를 진정 믿는 자라고 말할 수 없기 때문이다).

3 예수 그리스도를 영접하는 순간 내 속에 성령이 들어오신다(롬 8:1-2). 그리고 내 속에서 나의 새 영을 창조하신다. 그러면 성령의 인치심이란? (엡 1:13)

복음을 받아들일 때 수반되는 성령의 영접을 가리킨다.

(성령의 영접은 하나님께서 소유주가 되시는 내적 확증이며, 이런 내적 확증을 공동체 안에서 외적으로 표시하는 것이 '세례(침례)'이다. 그리스도를 영접함으로 성령을 받은 그리스도인들은 하나님의 택

한 백성이되며, 하나님은 그들의 소유주와 보호자가 되신다. 이런 관계 변화를 확증하고 보증하는 것이 '인침'이다).

*성경에 나타난 인침은

a 소유주의 물건을 안전하게 보호하기 위해

b 소유권 주장

c 비밀을 지키기 위해 봉함

4 성령의 내주(內住)하심이란? (고후1:22)

(하나님께서 성도들을 성령으로 인치셨다는 것은 성도들을 당신의 소유로 확인하셨다는 것이며), 하나님께서는 성도들을 당신의 소유로 삼기 위해서 보증금을 지불하셨다. 하나님은 신실하시며 전능하시기 때문에 그분이 보증금을 지불하셨다는 것은 곧 그분의 완전한 소유(所有)가 되는 것을 뜻한다 → 성도들은 완전한 하나님의 소유이며 그것은 성도들의 마음속에서 거하는 성령께서 증거하신다.

내주의 목적은, 자기 백성들로 하여금 의롭고 바르게 살게 하기 위함이다(롬 8:9-11). 이제 성령은 일상생활 속에서 우리를 도우신다(갈5:16). 최근에 그 도우심을 경험한 바 있는가?

우리는 늘 성령의 도우심을 사모해야 하며, 그 힘으로만 승리할 수 있다.

5 빈(   ) 채우기

" 내가 아직 너희와 함께 있어서 이 말을 너희에게 하였거니와 보혜사 곧 아버지께서 내 이름으로 보내실 (성령) 그가 너희에게 모든 것을 가르치고 내가 너희에게 말한 모든 것을 생각나게 하리라 " (요 14:25-26)

닻 내림

성령은 하나님께서 약속하신 은혜인데 예수님이 승천하심으로 세상에 임하셨다. 그 성령은 세상 끝날 까지 교회와 함께 하신다. 또한 성령이 그리스도인 안에 내주(內住)하신다는 것보다 더 분명한 진리는 없다. 육신적인 그리스도인(carnal christian)에게도 성령은 내주하신다. 그가 비록 세상적인 그리스도인이라 할지라도 여전히 신자이기 때문이다.

prayer & homework

*기도

성령 하나님께 감사를 고백하고 복종하는 삶을 살기를 구하자.

*과제

'성령'에 관한 찬송가나 복음성가를 10개 이상 찾아서 가사를 음미하기

등대

⟫ 성령님께서 우리를 위해 하시는 일

1 하나님의 아들임을 깨닫게 하시고, 아들답게 만드신다(롬8:16-17).

2 미래의 영광을 위하여 인치신다(고후1:22, 엡1:13-14).

3 영으로 충만케 하여 승리의 삶을 살게 하신다(행1:4-8, 엡5:18).

4 우리들을 거룩하게 만들어 주신다(살후2:13, 벧전1:2).

5 우리들과 영원히 함께 계신다(요14:16).

6 하나님의 말씀을 가르쳐주신다(요14:26, 고전2:13).

7 우리가 배운 것을 기억나게 하신다(요14:26).

8 지속적으로 그리스도를 우리에게 계시해 주신다(요15:26).

9 우리들을 진리 가운데로 인도하신다(요16:13).

10 예수 그리스도의 영광을 나타내신다(요16:14).

11 우리가 약할 때 힘을 주시고, 하나님께 순종하도록 도와주신다(겔36:27).

12 진리에 순종하도록 힘을 주신다(벧전1:22).

13 죄와 사망의 법으로부터 자유를 우리에게 주신다(롬8:2).

14 죽을 수밖에 없는 몸을 살려 주신다(롬8:11).

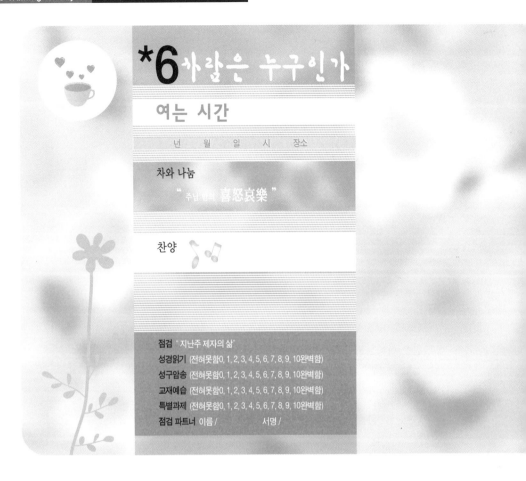

*6 사람은 누구인가

여는 시간

년   월   일   시   장소

차와 나눔

" 주님 안의 喜怒哀樂 "

찬양 ♪♫

점검 "지난주 제자의 삶"
성경읽기 (전혀못함0, 1, 2, 3, 4, 5, 6, 7, 8, 9, 10완벽함)
성구암송 (전혀못함0, 1, 2, 3, 4, 5, 6, 7, 8, 9, 10완벽함)
교재예습 (전혀못함0, 1, 2, 3, 4, 5, 6, 7, 8, 9, 10완벽함)
특별과제 (전혀못함0, 1, 2, 3, 4, 5, 6, 7, 8, 9, 10완벽함)
점검 파트너 이름 /   서명 /

큐티나눔

닻 올림

사람이 다른 피조물과 달리
그 존재가치가 있는 이유는 무엇일까?

항해 지도

창세기 1:24-28

지도 보기

하나님의 창조하신 만물 가운데 가장 면류관이라고 할 수 있는 것이 인간이다. 인간은 하나님의 창조 사역의 최고 산물이며 하나님의 특별 관심의 대상이다.

1 인간의 기원에 대한 진화론적 견해에 대한 당신의 생각을 말해보라.

진화론도 일종의 '신앙'이다(과학이라 말할수 없다).

성경적 견해, 창1:27을 써보라.

창1:27을 자신의 말로 써보도록 할 것.

하나님은 그의 형상대로 사람의 영(靈)을 만드시고, 물질로 인간의 육신을 만들어 영육(靈肉)이 유기적으로 통일된 하나의 인격체로 사람을 만드셨다. 하나님의 (형상)이란 인간이 창조시 받은 영적 특질 생명과 속성들 곧 지정의(知情意)들을 의미한다(엡 4:24, 골3:10)

2 창1:28을 요약해보라

만물의 영장으로서 인간은 모든 피조물을 잘 관리하고 다스릴 위탁 관리자의 사명을 받았다. 지음 받은 인간이 맨 처음 창조주로부터 받은 사명이다. 이를 문화명령(Cultural Mandate)이라 한다.

하나님은 사람에게 존귀한 직책을 맡겨 하나님의 명령과 법도를 지킴으로 하나님이 지으신 만물을 다스리게 하셨다.

1 실낙원! '사단이 뱀을 통해 우주에 들어와 하와를 유혹하였고, 미혹 받은 하와를 통해 인류 시조 아담을 범죄·타락하게 하였다. 창3:4~6을 요약해보라

<u>하나님은 아담 부부에게 선악과를 손대지 말 것을 명하셨다. 그러나 사단의 사주를 받은 뱀은</u>

<u>선악과에 대하여 하와에게 먼저 접근했다. '먹어도 죽지 않으리라,' '하나님과 같이 된다'고 유혹했다.</u>

아! 사람은 하나님과의 첫 약속을 어겼다(창2:17). 하나님께서 만물의 영장(靈長)으로 세워 주신 하나님의 형상대로 창조된 인간의 축복은 말할 수 없이 크고 귀한 것이었으나 하나님과 맺은 언약의 배반으로 인류에게는 육체적 사망, 생의 수난(질병, 고통, 재난), 영적 사망(하나님과 교제가 끊어짐)이 주어졌다.

2 최초의 죄의 결과 인간은 하나님의 형상을 잃어 버렸다.

범죄 타락함으로 하나님과의 교제에서 끊어졌다. 그리고, 창조주시며 생명의 주이신 (하나님)보다 피조물을 더 좋아하게 되었다. 진리보다 거짓을 더 좋아하는 전적 (부패)한 인간이 되었다. 영적으로 선을 행하는 일에 완전히 무능하게 되었다. 양심과 본능 속에 하나님을 두려워함과, 죄책 의식을 갖게 되어, 숨으려는 행동과, 변명과, 죄의 전가가 나왔다. (에덴)에서 추방되어 생명과에서 격리되어, 저주받게 되었고 사망의 법 아래 매임을 당하여 보통 생육법에 의하여 탄생된 전 인류가 함께 정죄를 받게 되었고 사망을 당하게 되었다(롬5장).

3 아담에게 "네가 어디 있느냐" (창3:9)라고 물으신 것은 죄를 범하고 숨은 인간에게 향한 물음이다. 롬1:29-31에 의하면 그 아담의 후예들의 모습이….

1 근본적인 죄 불의, 추악, 탐욕, 악의

2 다른 사람에 대한 마음속의 죄 시기, 악독

3 다른 사람에게 표현한 죄 살인, 분쟁, 사기, 수군수군, 비방

4 당신 자신에게 나타나는 요소들 교만, 열등감, 자포자기, 자기 원망, 자학, 우울증

4 그럼에도 누구든지 그리스도 안에 있으면 어떤 존재가 되는가? (고후 5:17)

새로운 존재

‘이전 것’에 대한 구체적인 예를 들면

하나님에 대해 무관심함, 악을 좋아함, 그릇된 습관, 사고...

(인종과 성(性)을 초월하여 누구라도 그리스도의 죽음을 자신의 죽음으로 받아들여(14절) 그리스도
와 영적인 연합을 이루면(갈 2:19,20) 그는 새로운 피조물이 된다).

그러므로 ‘그럼에도 불구하고’의 신앙으로 나아가자.

나의 가치 선언: 나에게 (허물, 죄가) 있음에도 불구하고 하나님은 나를 (사랑)하신다!

5 롬 8:29을 읽고 다음 ( )를 채우라.

**우리는 (창조주)를 닮도록 창조되었다. 처음부터 하나님의 계획은 우리를 당신의 아
들 (예수 그리스도)처럼 만드는 것이었다. 하나님은 우리가 하나님의 도덕적인 성격을
지닌 사람이 되기를 원하신다. 많은 신자들은 '풍요로운 삶에 대한 약속'(요10:10)을
잘못 해석한다. 그래서 항상 건강하고, 편안하고, 끊임없이 행복하고, 기도를 통해 즉
시 문제를 해결하는 것이라 생각한다. 삶은 그렇지 않다. 하나님은 우리의 삶의 깊은
굴곡 속에서 인격이 성숙하고, 믿음의 깊이가 있기를 원하신다. 그러나 혼자 두시는
것이 아니라 우리와 함께 하시면서 믿음이 승리하는 삶을 살게 하신다. 그래서 예수님
을 닮아가는 삶이 우리의 삶 속에서 녹아져 오랜 기간에 걸쳐 이루어지게 하신다.**

6 역사는 B.C(Before Christ)와 A.D(Anno Domni), 즉 예수 그리스도 이전과 이후로 나누어진다. 바울이 그러했듯이(행22:3-11), 한 개인의 생도 B.C와 A.D로 나눌 수 있다. 다음의 그래프에 직선으로 자신의 영적 일생(과거 현재 그리고 미래)를 그리고 설명해보자. 나이(신앙 연조)와 영적 성장은 비례하지 않을 수 도 있다. 각자 그리고 발표해보자.

영적성장

육적출생   나이

7 빈 ( ) 채우기

" 일의 결국을 다 들었으니 하나님을 경외하고 그의 명령들을 지킬지어다 이것이 (모든 사람)의 본분이니라 하나님은 모든 행위와 모든 은밀한 일을 선악 간에 심판하시리라 " (전 12:13-14)

닻내림

그리스도인이 된다는 것은 예수 그리스도 안에 있는 가치 체계를 받아들이는 것을 의미한다. 이것은 우리의 죽었던 영혼이 복음으로 말미암아 거듭나고 하나님과 영적인 연합을 이루며 그리스도 예수께서 내주하심으로 실제적인 영혼의 변화가 일어난 결과이다.

prayer & homework

*기도
건강한 자기 사랑을 회복하게 하소서.

*과제
십계명을 암송해오기

➤➤ 하나님을 경외하면 받는 11가지 복

여호와를 경외하는 것이 모든 피조물들의 목적입니다.
여호와를 경외하는 신앙을 자녀에게 가르치지 않으면 안됩니다(신4:10).
"악을 미워하면서 하나님을 경건하게 신뢰하는 것" 을 경외라고 합니다(잠14:26-27).

1 하나님을 경외하면 하나님께서 기뻐하십니다(시147:11).

2 하나님을 경외하면 경외하는 그의 자녀들을 불쌍히 여겨주십니다(시103:13).

3 하나님을 경외하면 그 경외하는 자를 용납하십니다(행10:35).

4 하나님을 경외하면 하나님의 자비를 받게 됩니다(시103:17).

5 하나님을 경외하면 축복을 받게 됩니다(시112:1).

6 하나님을 경외하면 확신을 얻게 됩니다(잠14:26).

7 하나님을 경외하면 악에서 떠나게 됩니다(잠16:6).

8 하나님을 경외하면 친구를 얻게 됩니다(말3:16).

9 하나님을 경외하면 사람들을 두려워하지 않게 됩니다(사8:12-13).

10 하나님을 경외하면 기도의 응답을 받습니다(시145:19).

11 하나님을 경외하면 장수를 누리게 됩니다(잠10:27).

*7 말씀

여는 시간

년   월   일   시   장소

차와 나눔
" 주님 안의 喜怒哀樂 "

찬양 ♪♫

점검 " 지난주 제자의 삶"
성경읽기 (전혀못함0, 1, 2, 3, 4, 5, 6, 7, 8, 9, 10완벽함)
성구암송 (전혀못함0, 1, 2, 3, 4, 5, 6, 7, 8, 9, 10완벽함)
교재예습 (전혀못함0, 1, 2, 3, 4, 5, 6, 7, 8, 9, 10완벽함)
특별과제 (전혀못함0, 1, 2, 3, 4, 5, 6, 7, 8, 9, 10완벽함)
점검 파트너 이름 /   서명 /

큐 티 나눔 ●●

닻 올림

'내가 가장 애호하는 성구'는 이것이다. 그 이유는?

항해 지도

마태복음 4:1-4

지도 보기

공생애를 시작하기 전에 예수께서는 광야에서 40일을 지내시었다.

1 본문의 줄거리를 요약해보자.

예수께서 공생애를 시작하시기 전에 광야 40일을 지내셨다. 이때 마귀는 다가와 세 가지 시험

(돌로 떡을 만들라, 성전 꼭대기에서 뛰어 내리라, 엎드려 경배하면 천하를 주겠다)을 제시했다.

마귀의 시험은 가장 곤고한 상황 속에서 다가온다. 첫 시험은 '언제' 다가왔는가?

사십일을 밤낮으로 금식하고 주린 후.

2 4절의 예수님의 대항의 요지는 무엇인가?

사람은 육신의 떡보다 영적인 양식인 말씀으로 산다.

'기록되었으되' 는 무슨 의미인가?

이미 구약(신 8:3)에 기록되어 있으되

예수께서는 나머지 세 개의 마귀의 시험을 모두 '말씀' 으로 대처하셨다. 이것은
오늘 내게 무엇을 교훈하는가?

하나님의 말씀의 검으로만 적을 무찌를 수 있다.

1 성경의 저자는 물론 인간이다. 그러나 그들은 어떻게 성경을 쓰게 되었는가?

(벧후1:21) <u>성령의 감동하심을 입은 저자들이 성경을 기록했다.</u>

(하나님에서 비롯된 것임을 제시한다. '하나님께 받아 말한 것'이라는 베드로의
진술은 성령의 이중적인 저작권을 암시한다. 즉 원저자이신 성령께서 영감을 통해
서 성경 기록자에게 오류가 없는 성경을 기록하도록 하셨다는 것이다.)

2 성경은 누구를 증거하고 있는가?

(요5:39) 예수 그리스도

구약과 신약의 중심은 예수 그리스도이다. 구약은 오실 그 분을, 신약은 오신 그
분을 증거한다.

3 성경이 우리를 인도하는 방법 네 가지는?

(딤후 3:16) 교훈, 책망, 바르게함, 의로 교육

(**교훈**- 이것은 그리스도 안에 있는 복음의 진리를 사람들에게 가르치는 것을 의미.
책망- 잘못된 교리나 행동의 오류를 바로잡고 이단자들의 거짓을 밝혀내는 것을 시사.
바르게 함- 성도들을 진리와 사랑으로 바로잡고 그들이 그 길로 더욱 매진할 수 있
도록 도와주는 것을 시사. **의로 교육**- '엄격한 정의'(正義)를 뜻함.)

4 성경이 주는 영적 유익은?

(시119:105) <u>인생길을 인도함.</u>

(엡6:17) <u>영적 전투에서 검이 됨.</u>

(벧전2:2) 말씀을 섭취함으로 인해 성장

　　　　　 (본문의 '구원'은 마지막 날에 있게 될 그리스도인의 최종적 구원을 의미하는 것으

　　　　　 로 성화의 완성을 시사한다. 이런 구원은 그리스인들이 현재 소유하고 있는 것이지

　　　　　 만 계속적인 성장으로 나타내 보여야 할 미래의 목표이기도 하다.)

5 성경을 읽기 전에 먼저 해야 할 일은?

(시119:18) 말씀을 깨달을 수 있도록 간구

　　　　　 (그 속에는 인생의 궁극적 지침을 담은 깊고 신령한 의미가 숨겨져 있는데 그것은

　　　　　 영적 시야를 가질 때에만 파악이 가능하다.)

성경의 저자이신 성령께 우리를 지도해달라고 간구하는 곳이다.

6 사도행전17:11에 의하면, 베뢰아 사람들은 (데살로니가) 사람들 보다 더 신사적이었는데, 그들의 성경 읽기는….

1 받아들이는 태도　　간절한 마음

2 지속성　　　　　　 날마다 성경을 상고

3 읽는 깊이　　　　　이것이 그러한가

4 당신의 자세와 비교해보자.

　　　　　 각자의 성경 읽는 생활을 점검

　　　　　 (베뢰아 사람들은 모든 준비된 마음과 그들이 할 수 있는 모든 열심을 다

　　　　　 하여 말씀을 받았음을 나타낸다. 이들은 구약성경을 통하여 얻은 지식과

　　　　　 헬라의 철학사상, 그리고 그들의 생활체험 등을 바탕으로 바울의 설교를

　　　　　 깊이 비교 검토하여 복음을 진리로서 받아들였을 것이다.)

7 성경을 당신의 삶에 적용하는 다섯 가지 방법은: 말씀을 들을 것(눅 8:15), 말씀을 읽을 것(신 17:19), 말씀을 공부할 것(잠 2:4), 말씀을 암송할 것(신 11:18상), 말씀을 묵상할 것(골 3:16)등이다. 이들 중에 당신에게 가장 취약한 부분은?

우리는 보통 큐티나 성구 암송에 익숙한 편이다. 그러나 편지를 가장 잘 대하는 방식은 처음부터 끝까지 차근차근 읽어나가는 것이다. 통독은 책별로 따라 읽어가거나 시대 순으로 재구성하여 읽는 방식이 있다. 통독에 의해 우리는 성경내용의 모든 봉우리와 계곡들을 한 눈에 보게 된다. 상당한 인내를 요구하는 통독은 영적인 양식을 편식하던 습관을 버리게 한다.

8 빈 ( ) 채우기

"예수께서 제자들 앞에서 이 책에 기록되지 아니한 다른 표적도 많이 행하셨으나 오직 이것을 (기록)함은 너희로 예수께서 하나님의 아들 그리스도이심을 믿게 하려 함이요 또 너희로 믿고 그 이름을 힘입어 생명을 얻게 하려 함이니라 " (요 20:30-31)

닻 내림

성경은 지금까지 쓰여진 책 중 가장 놀라운 책이다. 이 책은 여러 가지 직업을 가진 40여명의 사람들에 의해 쓰여졌다. 그들은 약 1500년 이상 되는 기간에 걸쳐 히브리어, 아람어, 헬라어의 3개 언어로 기록하였다. 그러나 모든 성경은 한 가지 위대한 주제와 중심인물을 지니고 있는 데, 그것은 바로 예수 그리스도이시다. 성경의 이러한 일치된 조화는 성경을 쓴 한 절대적인 저자가 없었다면 불가능했을 것이다. 바로 성령께서 그것을 이루신 것이다!

prayer & homework

*기도

----

*과제
성경 목차 외우기

≫ 매일 성경 읽는 10가지 방법

1 분위기 조용한 시간과 장소를 찾자

2 성경을 읽기 전에 먼저 하나님의 도우심을 기도하자(시 119:18).

3 오늘의 본문을 주의하여 천천히 읽자.

4 읽는 말씀을 깊이 명상해 보자.

5 오늘 본문은 무엇을 말씀하는가?

6 하나님(아버지, 예수님, 성령님)에 대하여 무엇이라고 설명하는가?

7 내게는 어떤 명령과 약속과 경고와 해야할 일과 피해야 할 죄를 말씀하는가?

8 매주 요긴한 성구 한 절씩 암송하자.

9 주의 말씀에서 은혜를 감사하고 잘못을 뉘우치고 각오를

새롭게 하면서 다시 기도하자.

10 성경을 읽을 때 줄을 그으며 읽자.

C Training for Layers

*8 기도

여는 시간

년   월   일   시   장소

차와 나눔

" 주님 안의 喜怒哀樂 "

찬양

점검 " 지난주 제자의 삶"

성경읽기 (전혀못함0, 1, 2, 3, 4, 5, 6, 7, 8, 9, 10완벽함)

성구암송 (전혀못함0, 1, 2, 3, 4, 5, 6, 7, 8, 9, 10완벽함)

교재예습 (전혀못함0, 1, 2, 3, 4, 5, 6, 7, 8, 9, 10완벽함)

특별과제 (전혀못함0, 1, 2, 3, 4, 5, 6, 7, 8, 9, 10완벽함)

점검 파트너 이름 /   서명 /

큐티나눔

닻 올림

최근에 응답받은 기도가 무엇인지 구체적으로 말해보자.

항해 지도

마태복음 6:5-8

지도 보기

1 외식하는 자의 기도는 어떻다고 했는가? (5)

사람에게 보이려 함

나는 기도할 때 사람에게 보이려고 하지 않았는가?

2 이방인들의 기도는 어떠한가? 또 그 이유는 무엇인가? (7)

중언부언

(말을 많이 해야 들으시는 줄로 생각: 기도를 길게 하거나 반복하게 되면 기도의 효력이 강화(强化)

되어 쉽게 자신들의 요구가 받아들여질 것이라는 미신적인 생각을 가진 이방인들의 어리석은 신앙

관임.)

중언부언의 진정한 의미는 무엇이며 중언부언하지 말아야 할 이유는 무엇인가? (8)

하나님은 전지전능하시므로 우리 자신보다 우리의 형편과 처지를 더 잘 아시고 계시다.

(그러나 하나님은 당신의 자녀들과의 인격적 대화를 원하시며 또한 그들이 당신께 대한 깊은 신뢰감

을 지니기 원하시기 때문에 그 필요를 구하기를 원하신다. 그래서 구하는 것이다.)

나는 기도할 때 내용도 없이 쓸데없이 말을 많이 하지 않는가? 나는 기도할 때 앞

에서 한 말을 뒤에서 그냥 반복 말하지 않는가?

3 예수님께서는 제자들에게 어떻게 기도하라고 말씀하셨는가? (6)

골방에서 은밀히.

혹 내게 '골방'이 있으면 소개해보자.

어느 곳이든 하나님과 독대 할 수 있다면 골방이다.

노 젓기

사랑하는 두 사람에게 있어서 가장 필요하고 소중한 것은 대화이다. 기도는 하나님과의 대화이다. 따라서 기도는 유창한 종교적 용어를 늘어놓는 것이 아니라 진실된 마음의 표현이다.

1 기도의 구성요소 네 가지를 찾아 읽어보라. 보통 ACTS 로 알려짐. 특히 사모함(A dora-tion)은 찬양, 경배와 같은 의미로 하나님 자신을 높여 올리는 고백이다.

사모함(Adoration)_ (시95:6)
고백(Confession)_ (시32:5)
감사(Thanksgiving)_ (시95:2)
간구(Supplication)_ (빌4:6)

내 기도에 있어 가장 취약한 부분은? 그 이유는?

대개의 기도는 간구로만 편중되어 있다!

2 기도를 해도 응답 받지 못하는 원인들

1 시66:18　마음 속의 죄악

(여기서 '품으면'은 '눈앞에 무엇을 그리다'(창 20:10)의 뜻. 특별한 악행을 행하지 않았을 뿐만 아니라 그것을 마음속에서 구체화시키지도 않았는 상태임에도.)

2 약1:6 의심하며 기도

3 약4:3 욕심으로 구함

위 세 가지 중 내가 자주 빠지는 함정은? 각인이 특히 자주 범하는 오류가 있을 수 있다.

만약 그리스도의 영으로 기도의 영을 가진 자라면 결코 헛된 것을 구하거나, 정욕으로 쓰려고 하는 것을 구하진 않을 것이다. 왜냐면 우리 속에 창조된 새 영혼은 하나님의 성령으로 통제받기 때문이다.

3 눅 11:1-13은 예수님께서 기도에 대해 가르치신 내용이다. 9절에서 예수님이 우리에게 명하신 3가지 명령은 무엇이며, 각 명령과 관계된 약속은 무엇인가?

명 령 구하라, 찾으라, 두드리라

약 속 받을 것. 찾아낼 것, 열릴 것.

(**구하라**- 본문의 의미는 '받기 위해서는 구해야 한다는 것'. 기도할 때 반드시 그 응답에 대한 확신을 가져야 한다. **찾으라**- 적극적으로 하나님을 찾는 것을 뜻한다고 볼 수 있다. **두드리라**- 기도를 함에 있어서 인내와 끈기를 가져야 함을 말해주는 것이다.)

나는 지금 무엇을 구하고, 찾고, 두드리고 있는가?

요즘 간절한 기도제목이 무엇인지 들어보라

나는 지금 얼마나 적극적으로 구하고, 찾고, 두드리고 있는가?

기도를 독려하라(하나님께 드린 올바른 기도는 반드시 응답하신다는 확신을 고취시킴).

기도는 내적인 자세가 중요하며 실제로 하나님과 더불어 깊이 교제하고 대화하는 일이 중요하다.

4 대개는 짧은 기도가 얕은 기도를 초래한다. 당신의 경우 하루에 얼마 정도를 기도하는가?

짧고도 경박한 기도에 대한 경고이다. 잦은 기도도 좋지만 때로 집중된 기도의 시간이 요청된다.

하루에 한 시간씩 기도하는 법-불가능하다??

1 시40편을 묵상하고 큰소리로 찬양 **2** 목회자, 교회, 소그룹의 교우들을 짚으며 **3** 나라와 민족을 위해 **4** 주님이 필요한 친지, 친척, 친구들을 위해 **5** 나 자신의 영적인 문제와 생활속의 필요…. 한 번 해보라!

5 빈 ( ) 채우기

"구하라 그리하면 너희에게 주실 것이요(찾으라)그리하면 찾아낼 것이요 문을(두드리라) 그리하면 너희에게 열릴 것이니 구하는 이마다 받을 것이요 찾는 이는 찾아낼 것이요 두드리는 이에게는 열릴 것이니라 " (마 7:7-8)

교회나 외부 장소를 이용하여 1일 기도학교를 열면 더욱 좋다.

닻 내림

기도는 과학이며 확실한 수학이다. 왜냐면 그것은 변함없고 일점일획도 착오가 없는 하나님의 약속이기 때문이다. 죠지 뮬러는 일생동안 50,000번의 기도 응답을 받았다. 기도는 하늘 문을 여는 능력이다.

prayer & homework

＊기도

- -

＊과제

금주 중 금식기도나 기도원을 방문하여 집중된 기도를 경험하기

▶▶ 기도의 의미 10가지

1 기도는 하나님 앞에서 가장 낮은 자세로 엎드리는 영적인 낮은 포복이다.

2 기도는 세상적인 욕심의 발전소가 아니라 소방서이다.

3 기도가 없을때 마음은 세상 것으로 무거워지고, 기도가 있을 때 마음은 성령과 하늘의 것으로 충만하다.

4 세상에서 가장 줄을 잘 서는 방법이 기도이다.

5 세상의 성공에는 후유증이 따르나 기도에는 후유증도 뒤탈도 전혀 없다.

6 세상의 모든 후원에는 용수철처럼 조건이 달려 있지만 기도에는 기도하는 사람을 하나님 아버지께 매어다는 용수철이 달려있다.

7 기도 없는 곳에 사람만 일하고, 기도 있는 곳에 하나님이 일하신다.

8 기도는 "노력 더하기 노력"이 아니라 나의 "노력 곱하기 노력"이다.

9 기도가 없는 곳은 사탄의 잔칫집이고, 기도가 있는 곳은 사탄의 초상집이다.

10 하나님은 기도에 응답하시고, 기도하는 사람은 삶으로 하나님께 응답한다.

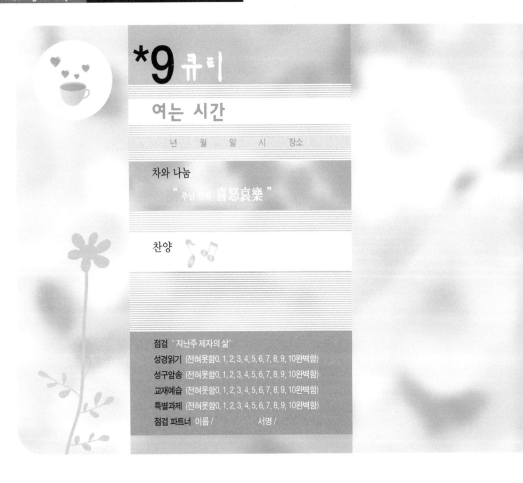

*9 큐티

여는 시간

년   월   일   시   장소

차와 나눔

" 주님 앞의 喜怒哀樂 "

찬양 ♩♪

점검 " 지난주 제자의 삶"
성경읽기 (전혀못함0, 1, 2, 3, 4, 5, 6, 7, 8, 9, 10완벽함)
성구암송 (전혀못함0, 1, 2, 3, 4, 5, 6, 7, 8, 9, 10완벽함)
교재예습 (전혀못함0, 1, 2, 3, 4, 5, 6, 7, 8, 9, 10완벽함)
특별과제 (전혀못함0, 1, 2, 3, 4, 5, 6, 7, 8, 9, 10완벽함)
점검 파트너 이름 /   서명 /

큐티나눔 ●●

닻 올림

큐티(Quiet Time), 묵상 혹은 경건의 시간에
대해 들어본 적이 있는가? 시도해 본적이 있는가?

항해 지도

시편 1:1-3

지도 보기

큐티란, 성령 안에서 말씀을 통해 하나님과 대화하는 것이다. 즉 하나님의 음성을 듣는 것이다.

1 시편 1편에서 '복 있는 사람'이 하지 않는 일들은?

악인의 꾀를 따르지 않음

(악인- 하나님의 율법 앞에서 죄인으로 입증된 자, 이들에게는 하나님의 율법 대신에 자신의 삶의 원리가 있다. '꾀'는 의도, 도모 등으로 하나님의 뜻과는 상관 없는 인간의 마음에서 비롯된 것이다.)

죄인들의 길에 서지 아니하며

(하나님의 율법에서 빗나간 자를 의미한다. 그러므로 이들은 하나님의 길(율법)을 가지 아니하고 자기 자신의 길을 간다.)

오만(傲慢)한 자들의 자리에 앉지 아니하고

(여기서는 하나님을 향하여 악한 말로 조롱하는 자를 의미한다. 본절에 언급된 세 동사들은 주목할 만한 가치가 있다. 즉, '따르다'(할라크), '서다'(아마드), '앉다'(야쏴브)는 말들은 죄의 점진적인 과정을 시사해 주고 있다. 즉 죄의 성질이 점점 더 악화됨을 이 용어들의 배열을 통해 알 수 있다.)

복 있는 사람이 하는 일은? (2)

여호와의 율법을 즐거워하여 그의 율법을 주야로 묵상

(의인의 특성은 ① 하나님의 율법에 대하여 기쁨으로 반응 ② 계속적으로 그 율법과 관계를 맺는 삶

을 사는 것(수 1:8). '묵상하는'은 '묵상하다'는 뜻 이외에 본래 '말하다', '속삭이다'라는 뜻을 가진 단어이다. 이로 볼 때, 의인은 묵상 중에 하나님의 말씀을 조용하게 암송한 듯하다.)

그 결과는? (3)

모든 일이 형통함

(하나님의 말씀안에서 끊임없이 기쁨을 누리는 의인은 인생의 추수기에 자연스럽게 열매를 맺게 되는 것이다. 이처럼 의인의 행복은 인간의 잔재주로 인해 얻는 그런 종류의 행복이 아니라 끊임없는 경건의 노력을 통해 얻는 완전 무결한 행복인 것이다.)

2 오늘 내게 그 일이 실행되는 것을 큐티라 한다. 큐티란, 성령 안에서 말씀을 통해 하나님과 대화하는 것이다. 즉 하나님의 음성을 듣는 것이다. 큐티의 두 요소는 무엇인가?

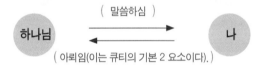

(말씀하심)

하나님 ━━━━━━━▶ 나
　　　◀━━━━━━━

(아뢰임(이는 큐티의 기본 2 요소이다).)

이 둘 중 내게 약한 부분은?

평소 생활을 돌아보게 하라.

노 젓기

큐티, 어떻게 할 것인가?

1 준비

1 (시간) **선택_** (막 1:35)

　조용한 시간, 약속된 시간, 일정하고 규칙적인 시간, 가장 정신이 맑고 조용한 시간을 선택하라.

2 (장소) **선택_** 조용한 장소, 약속된 장소, 일정하고 규칙적인 장소를 선택하라.

3 **찬양_** 하나님을 높이라

4 (기도) 깨달음을 위해(시 119:34).

2 본문 읽기

1 말씀을 산발적으로 찾지 말라(짜여진 읽기표 등 참조).
2 정해진 본문을 2번 이상 정독하기

당신의 경우, 본문 진행을 무엇을 참조하면 좋겠는가?
교회적으로 함께 함이 좋겠다.

3 큐티 하기 ─ 관찰/ 해석/ 적용

1 관찰 (본문의 줄거리를 간단하게 요약함)

효과적 관찰을 위해 강조되는 것들─ 기록된 순서, 반복, 비유, 할애된 지면 등
육하원칙에 따라 정리─ '왜'는 뺌
요3:16절을 육하원칙으로 정리해보자

누가- 하나님 / 무엇을- 세상 / 어떻게- 독생자 주심으로 멸망치 않도록

2 해석 (본문이 무엇을 의미하는가를 찾아냄)

시119:34
"나로 하여금 (깨닫게)하여 주소서 내가 주의 법을 준행하며 전심으로 지키리이다 ."

깊이 있는 해석을 위해 '질문'을 사용함─ 특히 '왜'라는 질문을 던져 본문 속에서 답을
찾음. 나아가 영적인 질문(거기 나타난 하나님의 성품, 하나님의 역사, 섭리)을 던짐.

요3:16절의 해석을 '왜'라는 말로 시도하라

'왜'는 해석으로 간주 됨- 사랑하시기 때문에.

3 적용 결단(마음의 각오나 회개, 태도와 성품을 바꾸기로 함)이나 실행(구체적인
행동으로 이어짐).

적용의 4원리—

개인적(Personal), 실제적(Practical), 가능성(Possible), 점진성(Progressive).

●적용의 원리를 예를 들어보기

나는(우리가 아님), 오늘(막연한 시간이 아님), OO에게 사과편지를 쓰겠다(실천 가능!), 앞으로 어려워도 지속적으로 해나가겠다.

많은 성경 지식을 가진 자 중에서도 성경과 상관없는 삶을 사는 이를 본적이 있는가? 그 이유가 뭐라고 생각하는가?

교회 생활의 연조가 더해가도 삶의 변화 없는 경우를 생각해보라.

4 수 1:8을 자신의 말로 써보라

하나님의 법을 가까이하며 늘 묵상하며 그 길로 가면 길이 평탄하고 형통하리라.

 닻 내림

우리는 성도로서 공예배에 참석하고 또 소그룹에 참석할 수 있다. 그러나 어쩌면 그것은 드러난 신앙의 모습일 것이다. 그렇다. 건강한 나무가 되려면 뿌리가 있어야 한다. 뿌리는 잘 드러나지 않는 부분이다. 그래서 우리의 신앙생활에 개인 묵상의 시간이 필요하다.

'나의 신앙생활에 있어서 큐티가 반드시 필요하다'는 입장으로 얘기를 나누어보자.

prayer & homework

*기도

----

*과제

마가복음 6:45-52를 큐티 해보라.

>> 8가지 건강의 법칙

1 신선한 공기

하늘이 주는 가장 풍성한 선물인 신선한 공기를 깊이 들여 마시세요.

2 일광

태양의 빛은 생명을 줍니다. 할 수 있는 대로 일광욕을 하십시오.

3 절제

건강을 해치는 술, 담배, 마약, 커피를 삼가십시오. 자극적인 것과 폭식, 과식을 하지 마십시오.

4 운동

아침 저녁으로 1-3Km정도를 속보로 걷는 일은 육체에 힘이 되고 정신에 생기를 줍니다.

5 휴식

매일 저녁 규칙적으로 8시간 수면을 취하십시오. 밤 12시 전의 1시간은

자정 후의 2시간과 맞먹습니다.

6 합당한 식사

과일, 견과, 곡류, 야채는 하나님께서 인간에게 주신 최초의 식물입니다.

이 식품들은 몸을 가장 튼튼하게 해주는 요소들입니다.

7 깨끗한 물

물을 마시고 몸을 씻으십시오. 자주 목욕을 하시고 8컵의 물을 마시면 몸 속의 독소를 제거하고

질병을 예방하여 줍니다. 아침에 일어나자마자 1-2컵의 물을 마시면 건강의 활력소가 됩니다.

8 매일 하나님과의 교제

가급적 일정한 시간 장소에서 하나님을 만나십시오. 큐티노트를 일상화하면 더욱 좋습니다.

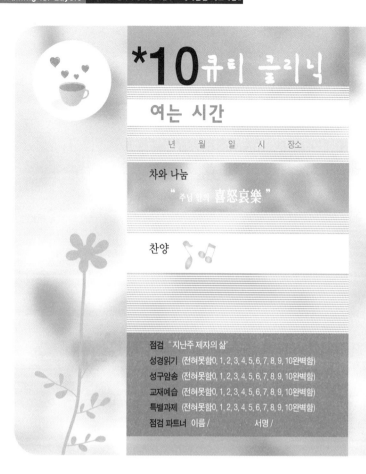

*10 큐티 클리닉

여는 시간

년 월 일 시 장소

차와 나눔
" 주님 안의 喜怒哀樂 "

찬양 ♪♪

점검 "지난주 제자의 삶"
성경읽기 (전혀못함0, 1, 2, 3, 4, 5, 6, 7, 8, 9, 10완벽함)
성구암송 (전혀못함0, 1, 2, 3, 4, 5, 6, 7, 8, 9, 10완벽함)
교재예습 (전혀못함0, 1, 2, 3, 4, 5, 6, 7, 8, 9, 10완벽함)
특별과제 (전혀못함0, 1, 2, 3, 4, 5, 6, 7, 8, 9, 10완벽함)
점검 파트너 이름 / 서명 /

큐티나눔 ●●

닻 올림

큐티와 새벽 기도회는 어떤 차이가 있을까?

항해 지도

마가복음 6:45-52

지도 보기

지난 주간의 과제인 본문을 다시금 다루어보자.

1 당신의 경우 큐티를 위한 적절한 시간과 장소는 무엇인가?

직장인, 주부 등의 각각의 여건에 따라 만들어질 수 있다. 격려하고 들어보라.

본문을 읽을 때,
다른 번역본과 비교해가면서 읽으면 유익(현대인의 성경, NIV, NASB, LB)!

2 관찰– (막6:45-52)본문의 줄거리를 간단하게 요약하라. 육하원칙으로 정리.

언제- 밤 사경 즈음(새벽 3-6시경)

어디서- 갈릴리 바다(건너편 벳세다로 가는 도중)

누가- 예수께서

어떻게- (물위를 걸어오셔서) 바람을 잔잔케 하심

무엇을- 제자들이 놀람

큐티는 영적 생활 노트를 가지고 기록해나가면 더욱 유익!

3 해석– 본문이 무엇을 의미하는가를 말해보라.

본문에서 내가 새롭게 깨달은 것은?

주님은 특히 내가 인생의 풍랑에 처할 때 가까이 오심.

하나님에 대해 배운 새로운 것이 있다면?

주님이 내 인생에 계시면 평안하다.

내 자신에 대한 것은?

삶 중에서 과거에 하나님을 체험했음에도 망각하고 약해지는 나!

생각의 변화를 요구하는 것은?

무디어지면 안 된다. 영적 예민함이 필요하다.

해석에서 문맥의 이해는 중요!

4 적용– 나의 결단이나 구체적 실행을 말하라.

요즘 내가 직장에서 겪고 있는 00문제를 풍랑으로 보자. 그리고 이 문제를 가지고 오늘 퇴근길에

들러 교회당에 들러서 집중적으로 기도한다.

생활고로 근자에 많이 흔들리고 있는 00성도를 이 말씀을 가지고 이메일로 위로한다.

해석의 결과 중, 주된 적용점에 초점을 맞추라. 성경에 대한 우리의 연구는 우리의 단순한 지적 연습이 아니라 우리 생각과 삶을 바꾸는 연습이다. 적용은 일차적으로 현실성이 있어야 한다.

1 위에서 함께 해 본 결과, 자신이 혼자 해본 것과 어떤 차이가 있는가?

서로 비교 해 보도록 한다.

큐티는 그 이후 나눔이 더욱 중요하다. 'Checking partner' 가 있으면 더욱 좋다.

2 적용을 대치하려는 네 가지 위험들!

1 해석으로 적용을 대치하려고 한다.

2 겉치레의 순종으로 참된 삶의 변화를 대치하려고 한다.

3 자기 합리화로 회개를 대치하려고 한다.

4 감정적인 경험으로 의지적인 결단을 대치하려고 한다.

당신의 경우 위 네 경우 중 어느 위험이 가장 큰가?
리더의 경험적 오류를 고백해 봐도 좋다.

_____

우리에게는 만나를 거두어들이는 심정으로 새벽에 행해야 하는 일이 두 가지 있다. 바로 말씀과 기도생활이다. 교회 역사로 볼 때에도 기도하는 것과 말씀을 보는 것, 이 두 가지는 개인의 경건의 삶을 하늘로 날아오르게 하는 두 날개였다.

만약 당신이 매일매일 성경을 읽지 않는 것을 커다란 문제라고 생각하지 않는다면, 당신은 지금 영혼에 심각한 병을 앓고 있는 것이다. 성경을 읽는 것은 성도의 기본적인 의무이다. 아무리 특별한 사람이라 해도 매일 매일 성경을 읽지 않으면 성도다운 삶을 살아갈 수는 없다.

3 빈 (   )채우기

"골수와 기름진 것을 먹음과 같이 나의 영혼이 만족할 것이라 나의 입이 기쁜 입술로 주를 찬송하되 내가 나의 침상에서 주를 기억하며 새벽에 주의 말씀을 작은 소리로 (읊조릴) 때에 하오리니." (시 63:5-6)

닻 내림

제자의 삶 서약

나는 그리스도의 제자로서 나를 부르신 그 소명에 따라 이 땅을 사는 동안 사명의
삶을 살기로 약속합니다.

1 매일 경건의 시간을 갖겠습니다.
2 매일 지속을 못 할 때에도 포기하지 않고 다시금 시작하겠습니다.

		년 월 일
위 본인	이름	서명
동료 증인	이름	서명
지도자 확인	이름	서명

prayer & homework

*기도

----

*과제
금주부터 본격적인 큐티자로 출발한다! (본문은 교회의 상황에 따름)

▶▶ 효과적인 묵상 10계명

1 묵상은 경건의 좋은 습관을 가지는 것이다 묵상은 어느날 갑자기 이뤄지는 것도 아니며 특별한 실력을 요하는 것도 아닙니다. 묵상은 매일 매일의 삶 속에서 하나님의 말씀을 통하여 삶을 인도받는 것으로, 규칙적이고 정기적인 묵상 시간을 가져야 합니다.

2 좋은 습관은 자기 결단에서부터 시작이다 좋은 경건의 습관을 갖기 위해서는 먼저 하나님과 만날 시간과 장소를 정해야 합니다. 가능하면 시간과 장소가 변동이 없어야 하며 일관적이어야 합니다. 그리고 하나님과 정한 약속이 파기되지 않도록 최선을 다해야 하며, 방해하는 주변의 요소들(TV, 전화등)을 제거해야 합니다.

3 묵상은 하루 아침에 이뤄지지 않는다 인내를 가져야 합니다. 묵상 훈련은 하루아침에 이뤄지는 것이 아니며, 특별한 비법이나 방법이 있는 것도 아닙니다. 성실하게 인내를 가지고 날마다 하나님 앞에 나간다는 마음 자세가 있어야 합니다.

4 묵상은 방법보다 습관의 문제이다 위의 내용들을 다시 정리하며, 효과적인 문제는 방법적인 문제라기보다는 좋은 습관을 가지는 것이 문제임을 기억해야 합니다

5 본문을 정확하게 관찰해야 한다 성경이 말씀하고 있는 내용을 정확하게 이해하거나 파악하지 못한다면 올바른 묵상이 될 수 없습니다. 정확한 관찰과 해석을 통해서만이 하나님께서 말씀하시는 것을 깨달을 수 있으며, 정확하게 적용할 수 있게 합니다.

6 묵상의 중심은 내가 아니며 하나님이시다 묵상의 시간은 하나님을 만나는 시간이며, 말씀 속에서 하나님의 음성을 듣는 시간입니다. 말씀을 자신의 생활에 합리화시키는 도구로 전락시키지 말아야 하며, 말씀 속에서 하나님의 모습이 어떻게 나타나고 있는가를 세밀하게 관찰해야 합니다.

7 귀납적으로 묵상하라 본문을 정확하게 보기 위해서 귀납적인 방법을 활용하십시오. 본문을 육하원칙에 의해서 정확하게 보고, 특히 "왜" 라는 질문을 통해서 본문을 보도록 노력하십시오. 이런 습관은 말씀에 대한 당신의 눈을 열리게 해 줄 것입니다.

8 적용은 삶의 실천이다 말씀을 적용할 때는 그 대상이 나 자신이라는 것과 시기적으로 지금 당장 실천을 요한다는 사실을 기억해야 합니다. 실천되지 않고 자신에게 적용되지 않는 말씀은 영적으로 무기력하게 만듭니다.

9 경건을 위한 시간 관리에 충실하라 자신의 영성 개발을 위해 삶의 우선순위를 정하고 시간 관리를 체계적으로 해야합니다. 이 시간 관리의 우선순위는 하나님을 알아가고 만나는 일에 최우선을 두어야 합니다. 혹시 시간이 남으면 묵상을 하겠다는 태도로는 평생가도 묵상의 기쁨을 누리지는 못할 것입니다.

10 묵상 훈련 프로그램에 참여하라 묵상에 관한 책을 읽고, 묵상 훈련에 참가하여 더 깊은 영성을 개발하도록 해야합니다.

*11 구원

여는 시간

년   월   일   시   장소

차와 나눔
" 주님 안의 喜怒哀樂 "

찬양 ♪♫

점검 " 지난주 제자의 삶"
성경읽기 (전혀못함0, 1, 2, 3, 4, 5, 6, 7, 8, 9, 10완벽함)
성구암송 (전혀못함0, 1, 2, 3, 4, 5, 6, 7, 8, 9, 10완벽함)
교재예습 (전혀못함0, 1, 2, 3, 4, 5, 6, 7, 8, 9, 10완벽함)
특별과제 (전혀못함0, 1, 2, 3, 4, 5, 6, 7, 8, 9, 10완벽함)
매일큐티 (전혀못함0, 1, 2, 3, 4, 5, 6, 7, 8, 9, 10완벽함)
점검 파트너 이름 /   서명 /

NEW매일큐티

큐티나눔 ●●

'구원'을 한마디로 말해보라.

 항해 지도

요한복음 1:10-13

 지도 보기

아담의 후손인 사람은, 육신이 태어나 자라고 노쇠하고 죽는다. 영적인 삶에도 일생이 있다. 아기가 엄마의 뱃속으로부터 세상에 태어난 것을 출생이라 하듯이 그리스도를 개인적인 구주로 영접함으로 하나님의 자녀로 태어나는 것을 중생(重生) 혹은 거듭남이라고 한다.

1 본문 10절에 의하면 '그(예수 그리스도)' 는 어떤 분이신가?

그는 창조주이심

'그' 에 대해 세상과 사람들은 어찌하였는가?

알지 못함

(본 절의 전체 의미를 보면 그리스도께서 세상을 창조하셨으나 세상은 그리스도를 알지 못했다는 내용이다. 그리고 11절은 그리스도께서 자기 땅에 왔지만 자기의 소유들로부터 따돌림 당했다는 내용이다. 어둠에 잠긴 죄악된 인간의 관점에서 볼 때 예수는 ①목수의 아들(마 13:55) ②귀신들린 자(마 12:24;막 3:22)에 불과하였다. 더구나 예수를 따르던 군중들도 예수를 기적 행위자 내지는 정치적 메시야로 판단했다).

2 사람들의 상태는 어떠한가? (엡2:1)

허물과 죄를 통하여 죽음

('죽었던'은 신체적 죽음을 의미하는 것이 아니라, 영적이며 도덕적 죽음을 의미하는 것으로 생명

을 수여하시는 하나님으로부터의 단절을 시사한다 '허물'은 문자적으로 '정로'(正路)에서 떨어지다'라는 의미로 부주의하여 진리에서 떠나는 것이나 잘못된 경향성을 가리키며, '죄'는 문자적으로 '과녁에서 벗어나다'는 의미로 하나님께서 제시하신 생의 목표를 정확히 맞추지 못한 모든 행위를 가리킨다).

그들 대신 어떤 이들이 하나님의 자녀가 되는가? (12)

예수를 영접하는 자

('영접한다'는 것은 단순히 '신뢰하다'(trust)라는 의미보다 더 강력한 표현으로서, 한 개인이 그리스도를 전인격적으로 받아들이는 것을 의미한다. '이름'을 믿는다는 것은 '그 이름을 지닌 사람' 을 믿는다는 뜻으로, 예수 그리스도의 역사적 생애와 그의 구원의 능력 그리고 그의 영원성, 인격성, 신성을 믿는다는 단순한 사실을 뛰어넘어 그리스도를 '개인마다' 자신의 구주로 영접한다는 보다 구체적이고 직접적인 의미를 지니고 있는 것이다. 한편 '하나님의 자녀가 되는'이란 표현은 말씀이신 그리스도를 전인격적으로 영접한 자의 신분 규정이다).

3 예수께서는 니고데모에게 영적으로 어떻게 되어야 하나님 나라를 볼 수 있다 하셨는가? (요3:3)

거듭나야

('거듭'으로 번역된 헬라어 '아노덴'은 '완전히', '두번째', '위에서부터' 곧 '하나님께로부터'의 뜻이 있다. 예수께서는 선택받은 백성인 유대인들 조차도 하나님 나라에 들어가려면 인간의 노력에 의해서가 아니라, 하나님의 은혜와 능력에 의해서, 어느 한 부분만이 개선되는 것이 아니라 전체 본성이 새롭게 되는 사건이 필요하다고 말씀하셨다. 왜냐하면 중생이란 죄와 허물로 죽었던 영적 생명을 새로운 피조물로 다시 살리는(고후 5:17) 성령의 역사로서(엡 2:5), 성령 혹은 말씀으로 거듭나는 것이기 때문이다).

4 본문 13절을 참조할 때, 하나님의 자녀가 된 것은?

인간적인 기원? <u>혈통</u> **으로나**(ex 가문) <u>육정</u> **으로나**(성적인 충동)
<u>사람의 뜻</u> **로**(자신을 번식시키려는 의욕) **말미암지 않고**
신적인 기원? 오직 <u>하나님께 로서 난 자들</u> **로 말미암는 일이다.**

본절에는 하나님의 자녀의 출생(중생)의 근원이 나타나있다. 먼저 중생에 이를 수 없는 부정적인 세 가지 요인 혈통(육체적인 혈연 관계), 육정(1차적으로는 성욕을 비롯한 인간의 육체적 쾌락을 추구하는 것), 사람의 뜻(절대자에게 도달하고자 하는 인간의 노력이나 수양, 율법 준수 등). 결국 요한은 이 세계의 절망(어두움)을 묘사하며, 인간 스스로의 구원의 길이 근본적으로 막혀 있음을 보여준다.

* 구원은 하나님이 우리에게 값없이 주시는 선물이다. 타락했기에 구원의 길을 준비해 놓으신 것이 아니라 이미 모든 인류에게 약속하고 예비해 두신 은총이다. 사람들이 그것을 갖기로 한다면 언제든지 얻을 수 있도록 하신 것이다(엡1:4, 벧전1:20).

노 젓기

구원을 확신하는 일은 그리스도인의 기쁨의 원천이다.

1 객관적 증거- 말씀

예수를 믿는 자에게 어떤 약속이 주어졌는가? (요3:16)

그를 믿는 사람은 누구든지 멸망하지 않고 영한 생명을 얻게 하여 주셨다.

(하나님은 이 세상을 극진히 사랑하셔서 외아들을 보내 주시어)

예수께서는 무엇을 담당하셨는가? (히9:28)

(나를 포함한) 많은 사람의 죄

(모든 사람에게 있어서 죽음이 인생의 최종성을 의미하는 것과 마찬가지로 그리스도의 대속적 죽음의 목적 또한 최종적(最終的)인 것이다. 그가 자신을 '단번에' 드린 것은 모든 사람들의 죄를 온전히 제거하기 위함이었다).

내가 믿었을 때 성령이 하신 일은? 그것이 취소되는 일이 있겠는가? (엡1:13)

인(印)치심

('인치심을 받았으니'는 소유권을 나타내거나(아 8:6), 어떤 문서나 서신의 신빙성을 보증할 때 사용되었다. 그리스도를 영접함으로 성령을 받은 그리스도인들은 하나님의 택한 백성이며, 하나님은

그들의 소유주와 보호자가 되신다. 이런 관계 변화를 확증하고 보증하는 것이 '인침'이다).

이처럼 우리의 구원에 대해 삼위하나님은 말씀을 통해 3중적 확인을 주신다.

2 주관적 증거- 생활

성령께서는 믿는 자로 하여금 어떤 고백을 하게 하시는가? (고전12:3)

'예수를 주시라' 고백케 함.

영을 좇는 자는 무슨 생각을 하게 되는가? (롬8:5)

영의 일

('육신을 좇는 자'가 육신을 위해 모든 목표를 세우며 그것을 추구하는 자라고 하면 '영을 좇는 자'
는 하나님을 위해 모든 목표를 세우며 그것을 추구하는 자다. 그리고 '영을 좇는 자'가 목표를 세우
고 추구해 가는 모든 과정에는 성령의 개입이 필요하다. 그런데 '영을 좇는 자'라고 해서 연약한 육
신을 이기고 마음으로 원하던 바를 모두 행할 수 있는 것은 아니다. '영을 좇는 자'라 할지라도 그 속
에는 하나님의 법을 즐거워하는 것과 그것과 투쟁하는 죄의 법이 공존한다).

죄와 더불어 살던 날에 대한 회개와 또 무엇이 요청되나? (눅3:8)

회개에 합당한 열매

(나무는 그 나무에 맞는 열매를 맺는다. 따라서 진정한 회개는 그 구체적 결실을 드러내게 마련이다.
물론 이 열매는 가시적으로 보이지는 않으나 내적변화에 의해 외적으로 표현되어진다. 그렇기 때문
에 전인적(全人的) 변화가 일어나야만 한다. 회개란 죄에 대한 단순한 외적 고백만이 아니라 근본적
인 인격적 변화, 곧 하나님의 품성을 닮아가는 것을 의미한다. 이러한 품성의 변화들이 열매를 맺어
하나님께 영광을 돌리게한다).

나무의 됨됨이를 열매로 안다면 구원받은 자는 어떠할까? (마7:16)

아름다운 열매를 맺음

(여기 열매란 것은 이 교훈과 그것의 영향과 및 그의 행위를 의미한다).

우리는 믿음으로 구원받고 행함으로 그 구원을 입증한다. 성령께서는 믿는 자의 내면에 어떤 열매를 맺게 하시는가? (갈5:22-23)

성령의 열매가 나열 됨 – 사랑과 희락과 화평과 오래 참음과 자비와 양선과 충성과 온유와 절제

(그 모든 덕행을 단수 "열매"라고 한 것은, 그것들이 사람의 노력을 주로 하고 성립되는 것이 아님을 보여준다. 이 모든 것들은 한 성령에게서 나오는 것이다).

3 이처럼 구원을 받은 자는 생활 속에서 주되심을 고백하며 영적인 일에 관심이 쏠리며 생활 속에서 점점 더 그리스도를 닮아간다. 비록 때로 넘어지기도 하나 바로 일어나서 주님을 향하여 나아간다. 그러나 어떤 그리스도인은 구원의 증거를 감정의 변화에 두고 휘청거리기도 한다.

요4:50을 근거로, 올바른 순서의 내용을 말해보라.

확신의 3F　사실(FACT)　>　믿음(FAITH)　>　느낌(FEELING)

　　　　　　　아들의 회복　　　(신뢰함)　　　(기쁨 혹은 감격)

사실– 예수의 말씀 '네 아들이 살았다'

믿음– 믿고 감

느낌– 아직 아무 느낌은 없었다.

→ 불구하고 치유는 이루어진 것이다.

구원받은 자로서의 제자의 삶에 대한 삶 서약이 있다.

4 빈 ( ) 채우기

" 네가 만일 네 입으로 예수를 주로 시인하며 또 하나님께서 그를 죽은 자 가운데서 살리신 것을 네 마음에 믿으면 (구원)을 받으리라 사람이 마음으로 믿어 의에 이르고 입으로 시인하여 (구원)에 이르느니라 " (롬 10:9-10)

신자가 하나님의 말씀을 통하여 죄에 대해 각성하고 상한 심령이 되고, 이어서 심령이 깨뜨려져서 구원의 은혜를 경험하고 나면, 두 가지 간절한 소원을 마음에 품게 된다. 하나는 하나님의 영광을 위하여 살고 싶다는 소원이고, 또 하나는 자신의 구원이 완전하고 온전한 구원이기를 바라는 소원이다.

제자의 삶 서약

나는 그리스도의 제자로서 나를 부르신 그 소명에 따라 이 땅을 사는 동안 사명의 삶을 살기로 약속합니다. "주 예수님, 내 자신이 죄 범한, 잃어버린, 의지할 곳 없는, 지옥에 가야 마땅할 죄인임을 인정합니다. 그러나 주님께서 내 죄를 지시고 나를 대신해서 죽으셨고 나를 위해서 다시 사셨음을 믿습니다. 나는 지금, 믿음으로 당신을 내 개인의 구원자로 받아들이며, 이후로는 당신을 내 생명의 주로 인정하고 다른 사람들에게 그가 나의 주인이심을 고백하겠습니다."

		년 월 일
위 본인	이름	서명
동료 증인	이름	서명
지도자 확인	이름	서명

prayer & homework

*기도

*과제
'나와 예수님'에 대해 1인 이상에게 말하기

등대

>> 이와 같은 진술서에 하는 단순한 서명이 당신을 구원하는 것은 아니다. 당신을 구원하는 결정적인 것은, 축복받은 하나님의 아들을 살아있는, 사랑하는 구원자로서 당신의 마음속에 받아들이는 것이다. "아들이 있는 자에게는 생명이(요일 5:12)" 있다고 하나님께서 말씀하셨다. 예수 그리스도를 당신의 생명의 주인이시며 구원자로 엄숙하고 진실한 마음으로 선택하도록 하나님께서 인도하여 주시옵기를!

구원의 확신을 갖는 데 있어서 부딪치는 어려움들— 만일 당신이 하나님의 말씀을 믿지 못한다면, 그 말씀이 진리의 말씀임을 믿게 해달라고 기도하라. 또 영적인 나태함이나 무지함이 당신으로 하여금 구원의 확신을 갖지 못하게 할 때는 당신의 죄를 회개하고 죄사함을 받도록 진실된 기도를 하라. 그러면 성령이 도우실 것이다. 또 계속적인 사탄의 유혹이 구원의 확신을 갖지 못하도록 타락시킬 때가 있다. 그 때는 당신의 모든 결정을 주님께 맡기고 순종하라.

*12 영적 성장

여는 시간

년   월   일   시   장소

차와 나눔

" 주님 안의 喜怒哀樂 "

찬양 ♪♪

점검 "지난주 제자의 삶"
성경읽기 (전혀못함0, 1, 2, 3, 4, 5, 6, 7, 8, 9, 10완벽함)
성구암송 (전혀못함0, 1, 2, 3, 4, 5, 6, 7, 8, 9, 10완벽함)
교재예습 (전혀못함0, 1, 2, 3, 4, 5, 6, 7, 8, 9, 10완벽함)
특별과제 (전혀못함0, 1, 2, 3, 4, 5, 6, 7, 8, 9, 10완벽함)
매일큐티 (전혀못함0, 1, 2, 3, 4, 5, 6, 7, 8, 9, 10완벽함)
점검 파트너 이름 /   서명 /

큐 티나눔

닻 올림

요즘 자신의 영적인 상태에
대해 고민하거나 갈등한 일이 있는가?

항해 지도

요한일서 2:13-14

지도 보기

아이가 출생하면 성장기를 거쳐 일생을 경험한다.

1 본문에서 발견하는 세 가지 연령층은?

아비, 청년, 아이

2 각 층을 구분하면?

1 아이들— (아버지)을 아는 상태.

2 청년— 영적으로 강건한 성도로서 영적 싸움에서 원수 (흉악한 자(사단))를 이긴다.
또한 하나님의 말씀이 그 안에 거하고 그를 온전히 사로잡고 있다.

3 아비— 영적으로 (성숙)한 성도로서 태초부터 계신 하나님, 곧 그리스도를 알다.

(요한은 '태초부터 계신 이', 즉 선재하신 그리스도를 언급함으로 당시에 팽배해 있던 이단 교리에

대해 공격하고 있다. 당시 이단자들은 하나님의 선재하신 말씀, 즉 로고스가 나사렛 예수 안에 성육

신 하셨다는 사실을 부인하였다. '악한 자'는 사단을 가리키는 것으로 악을 인격화하여 표현한 것

이다.)

나 자신은 어느 상태에 있다고 생각하는가?

아이,청년,아비,중에서

영적으로 새로 태어나고 이를 확신함은 기쁨을 주지만 거기에 머물 수 만은 없다. 아이는 자라면서 성장통(成長痛)이라는 것이 있다. 신앙의 일생도 그렇게 화창한 것만은 아니다. 많은 경우 전에 없던 갈등이 생겨나기 시작한다.

그리스도인이 영적 생활에서 좌절과 갈등을 경험케 되는 이유는 거듭남 이후에도 우리에게 옛 성품(육신)이 남아있기 때문이다.

내 안에(In) 함께(With)계신 하나님

1 위의 그림을 잘 보고 자연인과 그리스도인의 차이를 말해보라.

자연인은 태어난 그대로의 상태(옛 사람이 전부)

이에 비해 그리스도인은 그리스도의 새성품(새생명)이 들어옴으로 옛 성품과 공존

(그러므로 내적인 갈등이 야기됨. 아무런 갈등이 없는 자연인의 상태는 거짓된 평화로서 죽음으로
의 길이다).

2 사람의 본성은 어느 상태인가? (렘17:9)

심히 부패한 마음

('마음'이란 것은 인간의 생각과 행위의 원천이다. 여기서는 그것이 모든 것보다 거짓되다고 묘사되
어 있다. 본절을 직역하면, '마음은 그 어떤 것보다 더 더럽고 치유할 수 없는 것이다. 누가 그것을 이
해할 수 있겠는가?'이다.이것이 인간의 원래의 모습이다).

육신에는 무엇이 거하지 않는가? (롬7:18)

선함이 없음

(성도는 영에 속한 자이지만 현실적으로는 죄를 대항하기에 무기력한 '육신'(flesh)을 가지고 있는 신분이다. 이 육신이 있는 한 죄는 항상 기회를 타서 성도로 하여금 자신의 생각과는 다른 방향으로 가게 한다. 마음은 선한 것을 행하려고 결심하지만 육신이 연약하여 마음의 원하는 바를 실천할 수 없다(마 26:41). 비록 거듭나서 하나님을 믿고 따르고자 결심하지만 죄가 연약한 육신을 장악하여 성도로 하여금 선한 일을 위해서는 나아가지 못하게 한다)

거듭남 이후에도 육신은 없어지는 것이 아니며 부패성향을 그대로 가지고 있다.

3 이런 옛 성품과는 반대로 거듭난 자에게는 새 성품이 주어진다.

요한은 새 성품을 뭐라고 말하는가?

하나님의 말씀이 그 속에 거함

(그리스도인들의 마음 속에 말씀이 심기워 있음 (시119:11; 렘31:33)과 성령께서 내주하심(롬8:11; 고전3:16)은 동시적이고 불가분리적이다. 말씀과 성령이 그리스도인의 마음 속에 거할 때 그 그리스도인은 범죄하지 않게 된다).

이 새 성품이 결코 하지 않는 일은? (요일3:9)

범죄하지 못함

(본절은 습관적으로 마귀와 같이 범죄하지 않는다는 의미이다. 요한 당시의 영지주의에는 두 가지 부류가 있었다. 하나는 영지를 깨달은 자는 육신에서 벗어나 완전한 자가 되었으므로 결코 죄를 지을 수 없다는 부류, 다른 하나는 죄가 영지를 깨달은 자에게 어떠한 영향도 끼칠 수 없으므로 범죄 자체는 아무런 문제가 되지 않는다는 부류이다).

새 성품은 무엇을 즐거워하는가? (롬7:22)

하나님의 법을 즐거워함

(하나님의 법,즉 '율법'이나 '계명'을 포괄하는 '거룩한 원리'를 즐거워한다).

4 우리 속에 새 사람으로 말미암은 새 성품은 우리속에 있던 옛 성품과 충돌하게 된다. 바울 사도의 속에 있었던 일은? (롬 7:23)

다른 법이 내 마음의 법과 충돌함

(비록 '지체' 그 자체는 '육신'과 마찬가지로 악한 것이 아니지만 죄가 연약한 육신의 지체를 통해서 역사하기 때문에 '지체'는 불의의 병기로 사용되는 것이다(6:13). 그러나 우리의 지체는 반드시 하나님께 드려져야 하는데 성령에 의해 인도함을 받을 때에라야 의의 병기로 하나님을 위해 사용될 수 있다. '마음의 법'은 마음자체에서 일어나는 '법'이 아니라, 하나님을 위해 살려고 하는 의지를 선한 양심 안에서 일으키는 거룩한 원리이다. '한 다른 법'은 '마음의 법'과 투쟁관계에 있다. 성도 안에는 이 두 가지 법이 서로 지배력을 행사하려고 투쟁하고 있으므로 성도는 자신도 모른 사이에 갈등 상태에 놓여 있게 된다. 하나님의 법과 죄의 법이 싸워 마땅히 하나님의 법이 이겨야 함에도 불구하고 실제적으로 죄의 법이 하나님의 법을 이기고 성도를 죄의 법의 노예로 만들어 버린다. 이것이 성도가 현재의 삶 가운데서 겪게 되는 실상이다. '보는도다'라는 표현은 경험적으로 '알다'라는 의미를 나타낸다).

그 속에서 바울이 발견한 것은? (롬7:24)

나는 곤고한 사람이다

(성숙된 성도만이 '자기 혐오'(self-disgust)와 '자기 절망'(self-despair)의 상태에 이르게 되며 자기 육신 안에 선한 것이 조금도 거하지 않는 사실을 뚜렷하게 인식한다. 이 사람은 자기의 곤고함을 알아 믿음으로 구원을 위해 호소한다."〈존 스토트〉 거듭나지 못한 자는 자기속에 일어나는 두 법의 투쟁을 깨닫지 못하며 따라서 그것으로 인해 탄식하지 않는다. 곤고한 자는 '비참한 사람'으로번역하는 편이 자연스럽다).

그러나 바울은 예수님을 찬양할 수 있었던 이유는? (롬7:25)

그로 인해 이기게 됨

(바울은 그토록 비참한 상황에서 예수 그리스도를 통해 성취된 구속을 자기에게 주시는 하나님의 사랑을 깨닫고 하나님께 감사를 드리는 것이다. 이는 탄식이면서도 몸의 구속 곧 진정한 구원을 기다릴 준비를 갖게 하는 내용인 것이다). (이러한 갈등과 탄식을 지나가며 성도는 더욱 성숙한 자로 성장하는 것이다).

* 당신이 만약 거듭난 사람이라면 당신 속에 마땅히 위와 같은 갈등이 있어야 한다. 이러한 옛 사람과 새 사람의 갈등은 우리 속에 새 사람이 창조되었다는 귀중한 증거가 되며 아울러 우리가 구원 받은 하나님의 자녀인 것을 알려 주는 증거가 된다.

그리스도인이 자연인과 다른 점은
1 내면에 새로운 사람(New-self)이 창조되어졌다.
2 하나님께서 내 안에(in), 나와 함께(with) 계신다.
3 죽음에서 생명으로 옮겨졌다(죽음이 더 이상 공격하지 못하는 장소에 머묾).

승리의 비결은 성령의 도우심에 있다. 그리스도인의 갈등은 성령의 도우심 아니면 극복될 수가 없다. 예수님을 믿는 자는 모두 다 성령을 모시고 사는 자다. 성령이 우리 안에 거하심으로 성령의 소욕과 육신의 소욕에 대한 자의식을 가지게 된다. 성령을 따라 행하면 육신의 소욕은 자연적으로 위축을 당한다. 성령께서는 우리 안에서 예수 그리스도의 인격을 형성하는 열매를 맺게 하신다.

5 빈 ( ) 채우기

"그러므로 사랑하는 자들아 너희가 이것을 미리 알았은즉 무법한 자들의 미혹에 이끌려 너희가 굳센 데서 (떨어질까) 삼가라 오직 우리 주 곧 구주 예수 그리스도의 은혜와 그를 아는 지식에서 (자라 가라) 영광이 이제와 영원한 날까지 그에게 있을지어다 " (벧후 3:17-18) (성도들은 스스로 자신을 위해서 거짓 교사들의 미혹에 대처하고 깨어 경계해야 한다. 또한 단순히 그리스도를 영접하고 구원받는 것에만 만족하여 머무르는 것이 아니라 그리스도의 은혜와 그에 대한 지식 안에서 계속적으로 성장하여 굳세게 서서 거짓 교사들의 미혹에 빠지지 않는자가 되어야 함을 시사한다.)

 닻 내림

구원을 단회적인 사건으로만 이해해서는 안된다. 신분과 운명은 즉각적으로 이루어지지만, 수준의 구원은 평생에 걸쳐 이루어진다. 이를 성화라고 한다. 구원의 완성은 부활된 몸을 가지고 천국에서 살 때에야 완성(영화)되는 것이다.

이를 위한 우리 교회의 훈련 시스템?

	전도		양육		훈련		훈련		
비신자	>	초신자	>	제자	>	사역자	>	증인의 삶

*기도

----

*과제

금주 중 평소에 모르던 교인 10명 이름 외우기

등대

>> 믿음이 자라지 않는 이유 10가지

1 깊이 없는 그리스도인의 실상

그리스도와의 내적 생활을 무시하고 외양에만 치중하기 때문에

2 독불장군 신드롬

교회에서 이탈해 나와 혼자 힘으로 성공하려고 하기 때문에

3 이중인격

그리스도를 중심으로 삶의 질서를 세우지 못하기 때문에

4 까마귀 노는 곳

성장에 미치는 외부 영향력을 과소평가하기 때문

5 분산작전

중요한 것을 중요한 것으로 여기지 않기 때문에

6 사해 신드롬

주지는 않고 계속 받기만 하기 때문에

7 청룡열차 신앙

믿음으로 아니라 감정으로 살기 때문에

8 시련을 쓴 뿌리로 키우는 문제

낙심과 비극을 더 좋은 기회로 삼지 않고 쓴 뿌리로 키우기 때문에

9 얽매이기 쉬운 죄

죄를 즉시 그리고 철저히 처리하지 않기 때문에

10 그 코끼리 내가 안 죽였소

한량없는 은혜와 주님의 완전한 용서를 받아들이지 않기 때문에

*13 승리하는 삶

여는 시간

| 년 | 월 | 일 | 시 | 장소 |

차와 나눔

" 주님 안의 喜怒哀樂 "

찬양 ♪♫

점검 "지난주 제자의 삶"

성경읽기 (전혀못함 0, 1, 2, 3, 4, 5, 6, 7, 8, 9, 10 완벽함)

성구암송 (전혀못함 0, 1, 2, 3, 4, 5, 6, 7, 8, 9, 10 완벽함)

교재예습 (전혀못함 0, 1, 2, 3, 4, 5, 6, 7, 8, 9, 10 완벽함)

특별과제 (전혀못함 0, 1, 2, 3, 4, 5, 6, 7, 8, 9, 10 완벽함)

매일큐티 (전혀못함 0, 1, 2, 3, 4, 5, 6, 7, 8, 9, 10 완벽함)

점검 파트너 이름 /   서명 /

큐티나눔 ●·

닻 올림

자신의 영적인 상태에 대해 어떤 근심을 해 본 일이 있는가?

항해 지도

로마서 6:3-13

지도 보기

1 '이대로가 답일까?' 실패하는 그리스도인의 사람, 죄에 번번이 지는 삶에 고통하는 성도들이 많다.

그러나 예수께서 주신 구원은 죄의 삯인 영원한 (사망(죽음))으로부터 우리를 건져내는 것에 제한되지 않으며(롬 6:23), 우리를 생명의 새로움 안에서 걷게 하려고 죄의 (권세)로부터 해방(롬 6:4,22)시킨 것이다. 보기- 죽음, 권세

노 젓기

로마서는 "구원에 이르게 하는 하나님의 권능" 인 복음에 대한 위대한 해설이다. 만일 우리가 죄의 지배에서 날마다 구원을 경험하려면 우리를 대신해서 죄의 권세를 이기신 그리스도의 승리를 의지해야 한다. 우리는 로마서 6~8장을 통해 보이시는 하나님의 소원에 적극적으로 부응함으로써 이러한 삶에 들어가게 된다.

1 알라! 우리는 눈에 보이지 않는 영적인 사실을 오직 하나님의 계시로 알 수 있다.
먼저, 알라! (이 사실을 알아야 한다.)
죄의 권세에서 해방 받는 삶을 성경은 어떻게 말씀하는가? (롬6:6)
우리의 옛 사람이 예수와 함께 십자가에 못박힘

우리는 무엇을 알고 있는가?

다시는 죄에게 종노릇 하지 않음

('옛 사람'은 영적인 죽음 아래서 신음하며(엡 2:1;골 2:13) 본질적으로 마음이 악하여 죄에게 종 노릇하는 사람이며(6절), 하나님에게서 떠난 사람이다. 예수와 함께 십자가에 못박힌 것은, 우리가 세례를 받음으로써 그리스도와 합하였고, 그리스도와 연합된 성도는 더 이상 육체의 욕심을 따라 살지 아니하고 하나님의 선하신 뜻을 따라 생활하는 삶의 변화를 가리킨다(고후 4:11;골 2:20).

이러한 체험을 한 사람은 죄에게 종노릇하지 아니한다. 비록 성도가 현재의 삶 속에서 죄를 범할 수 있는 가능성을 지니고 있으나 신분상으로 이미 죄의 몸은 죽은 상태에 놓여 있다.)

우리의 옛 사람(옛 자아- 구원받지 못한 자로 있었던 우리의 과거 상태)이 그리스도와 함께 십자가에 달렸다는 것! 하나님께서는 그분의 아들이 십자가에 달린 바로 그 시간에, 그 장소에서, 이 옛 사람을 십자가에 달으셨다.

옛 사람이 십자가에 달림으로써 무엇이 성취되었는가?

그리스도를 살리심 같이 우리도 새 생명 가운데로 이끄심

(바울이 그리스도의 죽으심과 장사되심 그리고 부활하심을 '세례'라는 용어와 결부시킨 것은 성도와 그리스도의 영적인 연합과 인격적인 연합을 설명하기 위한 것이다(Murray). 그러나 분명히 인식해야 할 점은 세례받음 자체가 그리스도와의 생동적인 연합을 성취한 것이 아니라는 사실이다. 바울은 그리스도와 성도의 연합이 '죄에 대하여 죽는 것'만이 아니라 나아가 '새 생명 가운데 사는 것'까지 포함됨을 가르치고 있다. 이 말은 성도가 단순히 죄의 영역에서 벗어난 것만을 의미하지 않고 보다 적극적으로 의(義)의 영역에서 살게 되었음을 보여주고 있다. '새 생명 가운데서 행한다'는 말은 '새 생명의 원리에 의해 지배를 받으며 그 가운데서 산다'는 의미를 지니고 있다.)

그 결과 "죄의 몸"이 무력해졌다. 따라서 우리는 더 이상 죄의 종이 아니다. 우리는 어떠한가? (롬 6:4)

(6:5) 부활에도 연합한 자

(성도가 세례로 말미암아 그리스도와 함께 연합되었음을 구체적으로 표현해 준다. 바울은 그리스도의 부활을 그에게 속한 자들에게 허락되는 새로운 삶의 가능성과 연관시켰다. 그 삶은 장래 뿐만 아니라 현재에 속한 것이다.)

예수께서 죄에 대해 단번에 영원히 죽으신 것처럼(롬 6:10), 우리도 그때에 죄에 대해 죽은 것이다. 우리는 이 악한 권세에 대한 그리스도의 승리 안에 참여했다. 우리는 현재 죄의 집요한 속박을 벗어나 하나님에 의해서 살 수 있다. 이제 우리는 하나님과 그분의 생명에 어떤 관계가 있는가? (롬 6:5)

그분의 부활의 권능이 현재 우리 안에서 역사하기 위해 우리와 함께 하고 있다.

우리가 그리스도 안에 있기 때문에, 그분에 관한 이러한 영적 사실은 우리에게도 동일한 영적 사실이 된다. 더욱이 그분의 부활의 권능이 현재 우리 안에서 역사하기 위해 우리와 함께 하고 있다(엡 1:19-20).

2 여기라 ! 그리스도의 죽음은 죄에 대한 것이요, 그분의 사심은 하나님께 대한 것이다(롬 6:10). 이제 우리에게 뭐라고 권고하는가? (롬 6:11)

너희도 (그리스도가 그러하심같이) 죄에 대해 죽은자, 하나님에 대해서는 산자로 여기라.

(그리스도의 죽으심은 성부 하나님께서 자기에게 짐 지우신 자기 백성의 죄와 허물을 위해 죽으셨다(사 53:4-6). '하나님께 대하여'란 표현은 '하나님을 위하여' 라는 의미이다. "만약 그리스도의 죽으심이 죄에 대한 죽으심이었으면, 그의 살으심이 하나님에 대해 살으심이고, 그리고 우리가 그의 죽으심과 살으심 안에서 그와 연합되었다면, 우리 자신은 죄에 대하여는 죽었으며(have deied) 하나님에 대하여는 살았다(have risen). 그리고 우리는 그와 같이 여겨야 한다." – 존 스토트).

우리는 "그리스도 예수 안에" 있기 때문에 "죄에 대하여 죽은" 상태이다. 우리는 그분의 십자가의 죽음과 연합되었다(롬 6:3,5). 마찬가지로 우리는 "그리스도 예수 안에" 있기 때문에 "하나님께 대하여 살아 있다."

우리는 복음이 죄의 형벌로부터의 구원을 가져다준다는 사실을 믿는 것과 마찬가지로, 그리스도 안에 있는 우리의 신분에 관해 하나님께서 말씀하신 바를 믿어야 한다. 이 두 가지 구원은 '보는 것이나 느끼는 것' 이 아닌 적극적인 믿음을 통해서 얻어진다.

3 드리라! 더 이상 당신의 몸의 지체와 기능을 죄에게 드리지 말고 항상 하나님의 뜻에 내맡기라. 죄로 하여금 당신의 죽을 몸을 다스리지 못하게 하라. 하나님은 우리

가 '알고' 사실로 '여기는' 바에 부응하여 마땅히 의지를 행하라고 하신다.

롬 6:12-13에 의하면

소극적인 면 죄가 지배하지 못하게, 몸의 사욕에 순종하지 않음, 지체를 불의에 내주지 않음

적극적인 면 자신을 하나님께 드림, 지체를 의의 무기로 드리라

(성도가 그리스도와 함께 죄에 대하여 죽었다고 선포했음에도 불구하고 여전히 죄가 성도들 가운데서 역사하고 있다. 그러나 죄에 대한 성도의 죽음을 다시 한번 더 강조한다. 이 사건으로 인해 죄가 성도들에게 왕노릇할 수 없게 된 것이다. 이 사실은 보장되어 있다. 성도들에게는 오직 그리스도만 주인이다. 그런데도 죄는 성도들의 연약한 몸을 통하여 역사하면서 자신이 주인인 체 할 수 있다. 죄는 우리 죽을 몸을 통해서 역사한다. 그 몸에서 죄를 짓게 하는 욕구가 일어난다. 그렇기 때문에 몸의 욕구대로 행하게 되면 죄에 대하여 죽은 성도는 도전(挑戰)을 받게 된다. 성도라면 당연히 죄와 투쟁할 준비가 되어 있어야 하며 또한 투쟁해야 한다. 비록 죄에게 패배할 때가 많을지라도, 성도는 이미 죄에 대한 승리를 보장받은 신분이므로 염려할 필요는 없다. 성도라 할지라도 자기 몸의 지체를 제어(制御)하지 않으면 이미 그의 몸은 불의의 병기로 죄에게 드리는 결과를 초래하게 된다. 거듭난 성도는 자신의 몸을 죄를 위해서가 아니라 죄와 투쟁하기 위한 의의 병기로 하나님께 드려야 한다.)

우리는 그리스도를 위해 살아야 할 의무를 진 빚진 자이다. 성경은 하나님의 은혜와 권능을 의지하여 행동을 취하라고 가르치고 명령하고 있다. 아담이 자신의 의지를 범죄에 썼다면 우리는 자신의 의지를 주께 드리며 영적 삶을 소원해야 한다.

이때 성령이 도우시며 그의 권능을 힘입어 끊임없이 죄를 이기며, 우리의 죽을 몸에 역사하는 죄의 활동을 멸절시켜 나가는 것이다. 이것은 우리의 행동을 취하고자 하는 성령의 내적 자극을 억제하지 말고(살전 5:19), 성령과 보조를 같이 하는 것을 의미한다(갈 5:25).

4 사41:10을 자신의 말로 써보라.

주의 백성에 대한 동행과 승리의 보장이다.

닻 내림

그리스도의 죽음과 부활에 있어서 그리스도와 우리의 연합의 진리를 '알고', 우리 자신을 죄에 대하여 죽고 하나님에 대하여 산 자로 '여길' 때, 자연히 우리의 지체를 더 이상 죄에게 드리지 않고 하나님께 '드리게' 된다. 우리는 의지적인 행위로써 지속적으로, 그리고 습관적으로 우리의 삶을 그분의 뜻에 온전히 내맡겨야 한다. 그 결과 거룩하고 승리하는 그리스도인의 삶이 따를 것이다.

prayer & homework

*기도
흔들림 없는 승리자의 길을 걷기를 원합니다.

*과제
신앙적인 면에서 힘들어 하는_____를 만나서 오늘 배운 내용으로 격려

>> 그리스도인이 행복할 수 밖에 없는 20가지 이유

1 내게 능력 주시는 그리스도 안에서 모든 일을 할 수 있다고 했는데 왜 내가 할 수 없겠는가? (빌4:13)

2 나의 하나님이 그리스도 예수 안에서 영광 가운데 그 풍성한 대로 나의 모든 것을 채워주신다고 했는데, 왜 내가 부족하겠는가? (빌4:19)

3 하나님이 나에게 주신 것은 두려워하는 마음이 아니요 오직 능력과 사랑과 절제하는 마음인데, 왜 내가 두려워하겠는가? (딤후1:7)

4 하나님께서 나에게 필요한 분량만큼 믿음을 주셨는데, 왜 내가 하나님의 소명을 이루는데 믿음이 부족하겠는가? (롬12:3)

5 여호와는 나의 생명의 능력이시요, 하나님을 아는 백성은 강하여 용맹을 발휘할 것인데, 왜 내가 약하겠는가? (시27:1, 단11:32)

6 내 안에 계시는 하나님이 세상에 있는 이보다 크신데, 왜 내가 사단의 지배를 허용하겠는가? (요일4:4)

7 하나님께서 항상 나를 이기게 하시는데, 왜 내가 실패하리라고 생각하겠는가? (고후2:14)

8 그리스도는 하나님께로부터 오신 지혜가 되셨고, 내가 지혜가 부족하여 구할 때 꾸짖지 아니하고 후히 주시는 하나님이 계시는데 왜 내게 지혜가 부족하겠는가? (고전1:30, 약1:5)

9 하나님의 자비와 긍휼, 신실하심과 소망이 있는데 왜 내가 우울해져야 하는가? (애3:21-23)

10 나를 돌봐주시는 그리스도께 나의 모든 것을 맡길 수 있는데 왜 내가 염려하고 두려워하겠는가? (벧전5:7)

11 주의 성령이 계시는 곳에 자유함이 있는데, 왜 내가 멍에 속에 있겠는가? (갈5:1)

12 그리스도 안에 정죄함이 없다고 했는데, 왜 내가 정죄받은 것처럼 두려워하겠는가? (롬8:1)

13 그리스도께서 항상 나와 함께 하시며, 나를 떠나거나 버리시지 않는다고 했는데, 왜 내가 외로워하겠는가? (마28:20, 히13:5)

14 그리스도께서 나를 위하여 저주를 받으사 율법의 저주에서 나를 속량하시고, 성령의 약속을 받게 하셨는데, 왜 내가 저주를 받았거나 불행한 희생자라고 느끼겠는가? (갈3:13,14)

15 바울 사도처럼 내가 모든 환경에서 만족하는 법을 배웠는데, 왜 내게 불만이 있을 수 있겠는가? (빌4:11)

16 하나님이 죄를 알지도 못하는 그리스도를 나 대신 죄로 삼으셔서 나를 의롭게 하셨는데, 왜 내가 무가치한 사람처럼 느끼겠는가? (고후5:21)

17 하나님이 나를 위하시니 아무도 나를 대적할 자가 없는데, 왜 내가 박해를 받는 것처럼 피해의식을 갖겠는가? (롬8:31)

18 오직 화평의 하나님이 내주하시는 성령을 통하여 나에게 지식을 주시는데, 왜 내가 혼란에 빠지겠는가? (고전14:33, 2:12)

19 그리스도를 통하여 모든 일에 넉넉히 이길 수 있는데, 왜 내가 실패할까 두려워하겠는가? (롬8:37)

20 예수께서 세상과 세상의 환란을 모두 이기신 것을 알고나니 담대함이 있는데, 왜 생활의 어려움으로 고민하겠는가? (요16:33)

*14 순종

여는 시간

년 월 일 시 장소

차와 나눔

" 주님 안의 喜怒哀樂 "

찬양 ♪♫

점검 " 지난주 제자의 삶"
성경읽기 (전혀못함0, 1, 2, 3, 4, 5, 6, 7, 8, 9, 10완벽함)
성구암송 (전혀못함0, 1, 2, 3, 4, 5, 6, 7, 8, 9, 10완벽함)
교재예습 (전혀못함0, 1, 2, 3, 4, 5, 6, 7, 8, 9, 10완벽함)
특별과제 (전혀못함0, 1, 2, 3, 4, 5, 6, 7, 8, 9, 10완벽함)
매일큐티 (전혀못함0, 1, 2, 3, 4, 5, 6, 7, 8, 9, 10완벽함)
점검 파트너 이름 / 서명 /

큐 티 나눔 ●●

닻 올림

가정에서 자라는 아이들의 '불순종'의 예를 들어보라

항해 지도

마태복음 7:24-29

지도 보기

예수께서 주신 산상수훈 가운데 이 귀한 교훈이 들어있다.

1 예수께서 이 이야기를 하신 이유가 무엇일까? (24절)

주의 교훈을 듣고 행하는 자가 되도록 도전하심

(본문은 주님의 천국 백성의 삶의 계율인 산상보훈 5~7장의 결론부이다.)

2 두 사람이 지은 각각의 집과 결과와 원인에 대해 비교해 보라.

	건축 상태	비와 창수	그 결과	그 원인
순종 >	집을 지음	그 집에 부딪힘	무너지지 않음	반석위 기초 놓음
불순종 >	집을 지음	그 집에 부딪힘	무너짐이 심함	모래위 기초 놓음

'집'은 우리의 인생이요 신앙 전체일 수 있다.
그러면 비가 내리고 창수가 난다는 것은 무슨 뜻인가?

인생에 부딪혀 오는 환난과 역경들

(예수님의 말씀은 듣고 행해야한다. 이는 순종이다. 지혜로운 건축자는 집을 짓는데 있어서 터가 든

든해야 될 것을 알았고 또한 장차 풍우가 그 집에 부딪힐 것을 알았다. 그러나 미련한 건축자는 그 부딪힐 것을 생각지 않았다. 우리는 신앙 인격을 건축함에 있어서 하나님 말씀 밖에 기초를 둘데 없는 줄 알아야 되며 또는 장래에 우리의 신앙 인격을 시험하는 환난이 온다는 것을 예감해야 된다.)

그 집의 정체는 어떤 결정적인 순간이 오기까지 드러나지 않는다.
그렇다면 나의 '집'은 어떤 상태라고 생각하는가?
자신의 신앙생활, 나아가 깨닫는 말씀들에 대한 자신의 자세에 대해 나누어보자.

노 젓기

인간의 타락은 하나님과의 언약을 불순종하는 데서부터 비롯된 것이다.

1 롬5:19을 자신의 말로 써보라.
한 사람(아담)이 불순종함으로 온 인류가 죄인됨 같이 한 사람(예수)의 순종으로 많은 사람이 의인됨
(독생자 그리스도는 하늘 아버지께 절대 순종의 삶을 사셨다.)

아담은 불순종하여서 모든 인류에게 사망과 고통을 안겨 주었고 모든 피조물들에게도 고통을 안겨다 주었다. 그러나 그리스도께서는 우리로 순종하게 하시려고 이 땅에 오셔서 순종하는 삶의 실례를 보이셨다(히10:9).

2 하나님이 그의 백성에게 요구하시는 내용은? (신10:12-13)
하나님을 경외하고 그 규례를 성심으로 지킴

순종을 요구하시는 이유는 무엇인가?
그 자체가 우리 자신의 행복의 길임

진정 하나님을 사랑한다면…. 어떤 반응이 있는 것일까? (요일5:3)
그의 계명들을 지킴

3 다음 사람의 순종의 특성을 말해보라.

(히11:8) 아브라함은 여호와의 부르심에 절대 순종

(갈 바를 모르며 출발).

(눅 5:4-7) 시몬은 예수님의 말씀에 따라 깊은데에 그물을 내림

(문제들- 시몬은 어부요 전문가. 밤새 노력했으나 헛 그물질만 했었음.)

요즘 당신이 행한 순종의 결단은 무엇인가?

4 요14:15,21이 보여주는 순종의 원리는 무엇인가?

그를 사랑하면 , 그의 말씀을 지킴.

순종하는 자에게 약속되는 은혜는 무엇인가?

하나님께 사랑을 받음, 주님 자신을 나타내심

"나타낸다" 는 의미는?

주님을 더 깊이 알아감

(그리스도께서 성령으로 말미암아 우리에게 나타나실 것을 가리킨다. 그 나타나심은, 우리의 육신에

나타나심보다 더욱 깊이 우리의 심령에 나타나심이다.)

당신은 왜 순종이 되어지지 않는다고 보는가?

각자의 불순종, 혹은 미룸은 무엇으로 인함인지 나누어보자.

 닻 내림

당신의 삶에서 하나님께서 당신에게 더욱 순종하기를 원하시는 영역이 있는가?

(마음을 열고 나눔)

있다면, 당신은 어떻게 순종하겠는가?

하나님이 기대하시는 순종은 완전한 순종이 아니다. 주님은 신자의 연약함과 실패의 가능성을 잘 아신다. 주님의 은혜와 사랑에 감사하는 순종의 자세를 살피신다.

하나님은 최선의 태도로 순종하는 것을 보시고 만족해하신다(마25:21). 그러므로 그리스도인은 순종하기 위해 먼저 하나님의 뜻을 알아야 하고 하나님께 능력을 구하여 기쁜 마음으로 신실하게 순종해야 한다.

prayer & homework

*기도

'주여 나로 하여금 주께서 생각하시는 대로 생각하며

주께서 보여 주시는 대로 생활하고

주께서 말씀하시는 대로 말하며

주께서 도우시는 대로 도우며 살게 하소서.'

*과제

혹 나의 삶에 불순종의 영역이 있는지 점검하기.

'순종하는 삶'을 위한 기도문 작성.

등대

≫ 가져야 할 열 가지 믿음

1 훌륭한 믿음 (마8:10)
2 확신있는 믿음 (마15:28)
3 충만한 믿음 (행6:5)
4 계속 진보하는 믿음 (행14:22)
5 더욱 굳건해지는 믿음 (행16:5)
6 기쁨이 있는 믿음 (빌1:25)
7 능력있는 믿음 (살후1:11)
8 거짓이 없는 믿음 (딤후1:5)
9 온전한 믿음 (히10:22)
10 기도응답의 믿음 (약5:15)

*15 성령 충만

여는 시간

년   월   일   시   장소

차와 나눔

" 주님 안의 **喜怒哀樂** "

찬양 ♪♫

점검 "지난주 제자의 삶"
성경읽기 (전혀못함0, 1, 2, 3, 4, 5, 6, 7, 8, 9, 10완벽함)
성구암송 (전혀못함0, 1, 2, 3, 4, 5, 6, 7, 8, 9, 10완벽함)
교재예습 (전혀못함0, 1, 2, 3, 4, 5, 6, 7, 8, 9, 10완벽함)
특별과제 (전혀못함0, 1, 2, 3, 4, 5, 6, 7, 8, 9, 10완벽함)
매일큐티 (전혀못함0, 1, 2, 3, 4, 5, 6, 7, 8, 9, 10완벽함)
점검 파트너 이름 /   서명 /

큐티나눔 ●•

닻올림

주위에 어떤 '성령 충만하다' 고 여겨지는 사람에 대해 말해
보라.

 항해지도

에베소서 5:18-21

 지도보기

1 모든 신자는 이미 성령의 선물(세례)를 받은 자이다(고전12:3). 그러나 모든 신자
가 동일한 길을 걷는 것은 아니다.

(갈5:17)은 어떤 두 종류의 사람을 보게 하는가?

 육체의 소욕을 따른 자와 성령의 소욕을 따르는 자

(성령을 좇아 행함이 육체의 욕심을 이루지 않게 하는 이유는, 성령을 좇아 행하는 자는 육체를 거스
려 싸워 육체의 야욕을 이루지 못하게 한다. 성령의 소욕과 육체의 소욕이 서로 싸움으로 인하여 육
체(인간의 부패한 성질)의 소원이 이루지 못하게 된다는 말씀이다. 영전(靈戰)은 참된 기독신자에게
만 있다. 영전이 있으므로 죄악에 대한 승리가 온다.)

문제는 우리 자신의 의지이다. 이 의지를 성령께 내어 드리는 자만 성령의 충만 가
운데 살아갈 수 있다.

성령 세례는 단 한번 밖에 없는 최초의 체험이며, 충만은 계속적이고 영속적인 결
과 또는 양상을 의미한다.

2 본문 18절을 묵상하라. 술취함과 성령 충만의 공통점과 차이점은?

공통점

자기 의지대로 하지 못함

차이점

술이 지배하는 방탕함과 성령이 지배하는 거룩함

(당시 술 취하는 일은 불신자 세계에 있어서 일반화되어 있었으며 초대 교회에서도 심각한 문제 중 하나였다. 술 취함은 그것으로 인해 생활이 무절제하게 되고 방탕하기 쉽다는 것에 더 큰 문제가 있었다. '성령 충만'은 구원의 때뿐 아니라 그후에도 계속적으로 일어날 수 있는 것으로 그리스도인이 능력있는 삶을 살아갈 수 있도록 하는 것이다. 즉 이것은 이미 그리스도인에게 내주하신 성령께서(롬 8:9; 고전 12:3) 그리스도인을 온전히 지배하며 인도하는 상태를 가리킨다.)

3 성령 충만의 표지로서 어떤 일들이 나타나는가?

1 화답하다—영적 교제
2 전심으로— 진정한 예배
3 (범사에) 에 감사
4 (피차) 복종

주님께 노래하고 아버지께 감사드리는 성령충만의 **2** 와 **3** 표지는 하나님을 향한 것이며, **1** 과 **4** 표지는 우리가 서로와 맺는 관계와 관련되어 있다.
네 가지 현재분사가 수식하는 본 명령은 '오직 성령의 충만을 받으라"는 것이다.

첫째 이 동사는 명령형— 누구도 의무를 회피할 자유가 없다.
둘째 이 동사는 복수형— 모든 사람에게 적용된다.
셋째 이 동사는 수동태— "성령이 너를 채우시게 하라"(NEB)는 것이다.
넷째 이 동사는 현재형— 계속적으로 성령충만해야 한다.

1 우리는 어떻게 성령의 충만함을 받는가?

(행2:38)

세례받고 죄사함 받음

(행5:32)

하나님께 순종

(눅11:13)

아버지께 구함(이 구절은 앞의 강청함의 비유에 이어짐)

하나님의 뜻에 합당한 것을 구한다는 확신이 있으면 그 기도가 응답된 줄로 믿어도 좋을 것이다(막 11:24). 성령 충만은 체험을 수반할 수 있으나, 그것이 절대적인 요건은 아니며, 성령 충만의 증거는 오히려 생활에서 나타나는 거룩과 순종에서 찾아야 한다.

2 성령이 충만한 자의 삶은?

(롬14:1)

연약한 자를 받음(앞의 13:11-14을 성령의 사람의 모습으로 보며 그 연장선상에서 14:1을 봄).

(막16:15)

복음을 전파함(행1:8그리스도의 증인됨이 성령과 연관됨을 생각).

위에 비춰볼 때 나의 요즘 상태는 어떠한가?

성령을 사모하며 그 충만함 가운데 사는지 서로 나누어보라.

성령이 충만한 삶의 비결은 우리의 의지, 몸, 소유, 그리고 우리의 삶 전체를 성령의 지배에 내맡기는 것이다. 또한 우리는 성령을 받아두는 저수지가 아니라 그것을 흘러가게 하는 통로이어야 한다. 성도는 성령의 은사를 받고(고전 12:4-11), 성령의 열매를 맺게 된다(갈 5:22-23). 성령 충만한 자는 성령의 뜻에 순종하며(행 5:32), 하나님을 기쁘시게 하는 능력 있는 삶을 살게 된다(엡 1:12-14).

가능하면 주중에 기도원이나 수양관등을 이용하여 성령 대망의 기도의 날로 삼으면 더욱 좋다.

성령의 능력이 상실되기도 하는가? 당신의 신앙 여정을 생각해보라.

_____

_____

방종(갈 5:17), 탐욕(딤전 6:10), 교만(벧전 5:5), 성령을 속이고(행 5:3) 성령을 근심케 할 때(사 63:10) 성령의 능력을 상실하게 된다. 우리가 계속 성령 충만한 생활을 하려면 말씀과 기도 생활로 이와 같은 성령 충만을 방해하는 모든 것들을 제거해야 한다.

prayer & homework

*기도
성령의 충만을 대망하는 집중기도

*과제
주중 특별히 시간을 내어 교회에 나와 홀로 성령 충만을 위한 한나절 기도.

≫ 성령 충만한 삶 9가지

주님의 교회는 성령 충만한 교인들을 필요로 합니다.
성령 충만 하기 위해서는

1 용서해야 합니다(행2:38, 시66:18).
2 아들의 신분이어야 합니다(갈4:6).
3 갈망이 있어야 합니다(요7:37-39, 사44:3).
4 믿음이 있어야 합니다(요7:39, 갈3:13-14).
5 순종해야 합니다(행5:32).
6 기다려야 합니다(눅24:49, 행1:4).
7 기도해야 합니다(눅11:13, 행4:31).
8 주님을 영접해야 합니다(요1:12).
9 구해야 합니다(눅11:9-10).

*16 성령의 열매

여는 시간

년   월   일   시   장소

차와 나눔
" 주님 편의 喜怒哀樂 "

찬양 ♪♪

점검 "지난주 제자의 삶"
성경읽기 (전혀못함0, 1, 2, 3, 4, 5, 6, 7, 8, 9, 10완벽함)
성구암송 (전혀못함0, 1, 2, 3, 4, 5, 6, 7, 8, 9, 10완벽함)
교재예습 (전혀못함0, 1, 2, 3, 4, 5, 6, 7, 8, 9, 10완벽함)
특별과제 (전혀못함0, 1, 2, 3, 4, 5, 6, 7, 8, 9, 10완벽함)
매일큐티 (전혀못함0, 1, 2, 3, 4, 5, 6, 7, 8, 9, 10완벽함)
점검 파트너 이름 /   서명 /

큐티나눔 ●●

닻올림

'능력 있게 봉사하고 은사를 가진 K집사는 자주 거친 언행으로 주위를 실족케 한다 '는 평가를 듣는다. K 집사에 대한 의견을 말해보자.

항해 지도

갈라디아서 5:19-23

지도보기

일반적으로 성령은 우리 안에 능력(power)이나 은사로 나타난다고 생각한다. 그러나 정작 성령의 최고의 절정은 열매이다. 성령의 열매는 한마디로 성령 충만의 결과요, 내용이다.

1 '육체의 일들' 은 어떤 것들인가? (19–21)

음행, 더러운 것, 호색, 우상 숭배, 주술, 원수 맺음, 분쟁, 시기, 분냄, 당짓기, 분열, 이단, 투기,

술취함, 방탕함…

이러한 일들의 원인은? (16)

17절. 육체의 소욕을 따름

2 그러나 성령의 열매들은 어떤 것인가? (22–23)

사랑 희락 화평 오래참음 자비 양선 충성 온유 절제

아! 이것들은 바로 예수 그리스도의 초상(肖像)이 아닌가. 그 어떤 사람도 인간으로 오신 그리스도 예수처럼 이러한 자질들을 완벽하게 보여 주지 못했다.

그러기에 바로 이 모습이야말로 모든 그리스도인이 그렇게 되기를 열망하는 그런 사람의 모습이다.

노 젓기

9가지 성령의 열매는 크게 셋으로 구분될 수 있다.

1 사랑과 희락과 화평– 우리가 (하나님)과 맺는 관계를 나타낸다.

성령은 하나님의 사랑을 우리 마음(hearts)에 부어 주시고, 하나님의 기쁨을 우리 영혼(souls)에 그리고 하나님의 평화를 우리 생각(minds)에 부어 주신다. 이래서 성령 충만한 그리스도인의 삶은 사랑과 희락과 화평이 넘쳐난다.
위 세 가지 중 요즘 내게 뚜렷한 것은 무엇인가?

_____

2 오래 참음과 자비와 양선– 우리가 (형제)들과 맺는 관계를 나타낸다.

오래 참음은 남들이 우리에게 보이는 무례함과 불친절을 참고 보복하지 않는 것을 뜻한다. 자비는 남에게 해를 끼치지 않고자 하는 것을 넘어서 남에게 선을 기원하는 적극적인 태도를 말한다. 양선은 그러한 기원을 행동으로 옮기고, 구체적인 방법으로 사람들을 섬기는 것이다.
위 세 가지 중 요즘 내게 뚜렷한 것은 무엇인가?

_____

3 충성과 온유와 절제– 우리가 (자신)과 맺는 관계를 나타낸다.

이것은 자신의 약속을 지키고 책임을 완수하는 사람들이 보여 주는 확고한 믿음직함이다. 온유는 부드럽고 약한 자의 특징이 아니라, 힘을 자제할 줄 아는 강한 사람들의 특징이다. 절제는 혀와 생각, 식욕과 정욕을 다스리는 것이다.

위 세가지 중 요즘 내게 뚜렷한 것은 무엇인가?

_____

4 위 9가지 열매 중, 서로의 모습에 드러나는 것들을 찾아보라.

이들 중 어느 것은 개발하면서 다른 것은 무시한다면 한 쪽으로 치우친 그리스도인
이 될 수밖에 없다. 성령은 서로 다른 그리스도인들에게 각각 다른 은사를 주신다.
그러나 그분은 모든 그리스도인이 같은 열매를 맺도록 일하신다.

서로를 돌아보며 서로 안에 나타나는 열매를 말해주자. 큰 위로와 격려의 시간이 된다.

5 빌 2:12-13에 나타난, 영적 성장의 두 부분은?

1 이루라- (자신)**의 책임**
2 안에서 행하다- (하나님(성령))**의 역할**

하나님의 영, 즉 성령께서 우리 안에서 뿐 아니라 우리와 함께 하심으로 우리가 영
적인 성숙을 할 수 있게 도우신다. 우리는 영적인 성숙을 위해서는 우리가 자동적
으로 행해 왔던 악한 습관들을 바꾸어야 한다. 그러나 그 삶의 자세는 우리의 의지
로만 할 수 없다. 우리는 하나님의 도움을 받아야 한다.

우리의 의지뿐 아니라 우리의 의지와 생각을 바꿀 수 있도록 하나님께 간구해야 한
다. 영적인 성숙, 성령의 열매로 나타나는 성품은 하루아침에 급조되지 않는다.

 닻내림

우리가 어떠한 기질을 갖고 있든 성령이 충만하기만 하면 이 아홉 가지의 삶의 특
성이 열매로 맺고 점차 자라가게 되는 것이다.

사랑(love) 곧 모든 이들(원수까지도)을 향한 사랑
희락 (joy) 곧 기쁨(joy), 환경을 초월한 변함없는 기쁨

화평(peace) 곧 모든 두려움과 근심 대신에 주어지는 하나님의 평안

오래참음(long suffering:인내) 즉 모든 모욕과 고통 중에서도 묵묵히 일을 수행하는 능력

자비 (gentleness) 곧 부드러운 마음에서 나온 사려 깊고 예의 바른 자세

양선(goodness) 즉 자신과 소유물에 대해 인색하지 않고 관대한 마음

충성(faith) 하나님께 완전히 맡기고 의지하는 태도, 성실한 자세

온유(meekness) 악을 악으로 갚지 않는, 따뜻하고 겸손한 마음

절제(self-control) 즉 자신의 기질상의 약점을 자제하는 능력을 말한다.

성령께서는 우리가 그분의 활동을 무시하고 그분의 존재와 능력을 경시하지 않는 한 언제나 우리 삶의 한 부분 한 부분에 개입하실 것이다. 결국 성령의 열매는 무엇인가? 많은 활동을 뜻하는 것이 아니라, 그리스도와 하나로 결합된 사람이 성령의 활동하심에 순종함으로 배어나는 성품이다. 성령의 은사가 '함' (doing)이라면 성령의 열매는 '됨' (being)이라 할 수 있다.

prayer & homework

*기도

----

*과제

열매있는 삶을 갈망하는 기도문 작성

등대

» 성령의 열매

성령의 은사와 성령의 열매는 명백한 차이점이 있습니다.

성령의 은사는 성령님 자신이 능동적으로 일하시는 결과입니다.

성령의 열매는 우리가 우리를 성령님께 굴복시켜 저절로 맺는 결과입니다

성령의 열매는 우리가 애쓴다고 열리는 것이 아닙니다.

성령님께서 우리 안에 내주하실 때에만 저절로 열리는 열매입니다.

1 사랑 이것은 하나님의 속성인 신령한 사랑을 말합니다.

2 희락 이것은 세상적인 행복이 아닌 깊고 깊은 기쁨입니다.

3 화평 이것은 인간의 영혼을 만족시키는 하나님의 평강입니다.

4 인내 이것은 자연적인 참을성이 아닌 하나님의 오래 참음입니다.

5 자비 이것은 예수 그리스도의 친절과 자애로움입니다.

6 양선 이것은 선한 일을 하게 하는 하나님의 도우심입니다.

7 충성 이것은 예수 그리스도의 미쁘심입니다.

8 온유 이것은 예수님의 성품인 온유와 겸손을 말합니다.

9 절제 이것은 마시는 것, 입는 것, 먹는 것에 대한 절제를 말합니다.

*17 자존감

여는 시간

년 월 일 시 장소

차와 나눔
" 주님 안의 喜怒哀樂 "

찬양

점검 " 지난주 제자의 삶"
성경읽기 (전혀못함0, 1, 2, 3, 4, 5, 6, 7, 8, 9, 10완벽함)
성구암송 (전혀못함0, 1, 2, 3, 4, 5, 6, 7, 8, 9, 10완벽함)
교재예습 (전혀못함0, 1, 2, 3, 4, 5, 6, 7, 8, 9, 10완벽함)
특별과제 (전혀못함0, 1, 2, 3, 4, 5, 6, 7, 8, 9, 10완벽함)
매일큐티 (전혀못함0, 1, 2, 3, 4, 5, 6, 7, 8, 9, 10완벽함)
점검 파트너 이름 / 서명 /

큐티나눔

닻 올림

'나는 ( )이다' 라고 한 문장으로 말해보자. 그 이유는?

항해 지도

출애굽기 4:1-17

지도 보기

모세는 한때 이집트 왕실에서 양육 받으며 부와 최고의 교육, 훈련을 누렸다. 그러나 결국은 도망자로서 미디안 광야에서 40년을 양치기로 살게 되었다. 출 3장 앞부분에 나타나는 모세는 그의 인생 속에서 별로 이루어놓은 것이 없는 80세 된 한 노인이다.

1 출3:11-15에서 모세가 바로에게 가지 못한다는 두 가지 반론은?

내 자신이 누구기에 가겠는가, 나를 보낸 하나님에 대해 뭐라하리이까.

이렇게 볼 때 모세가 가지고 있는 자신과 하나님에 대한 생각은 어떤 것이라 볼 수 있나?

자신의 부적격성, 하나님에 대한 불충분한 신뢰

2 출4:1에서 나타난 모세의 세 번째 반론은?

동족들이 여호와의 보내심 바된 나를 믿지 못할 것입니다.

이것이 왜 변명거리가 될수 없는가? (출3:18참조)

이미 여호와는 이 일을 보증하셨다 3:18 참조

(백성들이 자신을 믿지 않을 것이라는 모세의 걱정은 3:18에 이미 주어진 하나님의 약속에 대한 모세의 의심이 반영된 말이다. 즉 모세는 인간적인 생각으로 '동족으로부터 쫓겨난 초라한 양치기가

그들에게서 어떻게 신뢰를 얻을 수 있겠는가'라고 걱정했던 것이다. 그러나 하나님은 이처럼 부끄러운 과거와 하찮은 현재를 살고 있는 모세에게 자신을 바라보기보다 거룩하시고 전능하신 당신만을 바라보게 하셨다.)

3 출4:2-9에서 하나님은 모세가 어떻게 다시 확신을 가지도록 하시는가?

지팡이를 뱀으로, 다시 지팡이로 변화시키는 이적을 보이심.

성한 손을 나병으로, 다시 성한 손으로 바꾸는 이적을 행케하심.

(모세의 '손안에'는 겉보기에는 초라하나 하나님의 권능이 임할 때 큰힘을 발휘할 수 있는 지팡이가 쥐어져 있었던 것이다. 하나님께서는 이 막대기를 큰 이적의 도구로 활용하셨다. 이는 장차 이적과 기사로 이스라엘을 인도해내실 것에 대한 예표이다. 뱀은 원시(原始) 계시(창 3:15) 이후 인간의 원수, 즉 하나님의 백성을 상해하는 사단 혹은 사단의 세력을 상징한다(계 12:9). 여기서는 선민 이스라엘을 압제하는 애굽의 왕권을 상징한다. 이 문둥병 기적은 애굽에서 문둥병자와 같은 처참한 노예 생활을 하고 있었던 이스라엘 백성의 현실과 또한 그들이 애굽에서 범했던 부정한 허물들을 상징한다.)

망설여지는 사명, 그를 위해 주신 자원, 당신의 경우 이와 흡사한 기억이 있는가?

교회의 직분이나 부르신 소명 앞에서 작아지거나 회피한 경험을 나누자.

4 10절에서 모세가 내세운 변명은?

말을 잘 하지 못하는 자

자신에 대한 모세의 관점과 하나님의 관점은 어떻게 다른가?

나 여호와에 달려있다! 11절.

초라한 자아상을 갖는 것은 어떤 점에서 죄가 될 수 있는가? (13-17)

지나친 자기 비하는 하나님에 대한 불신앙이 될수 있다.

(모세는 이전까지 네번(3:11, 13;4:1, 10)에 걸쳐 사양의 뜻을 표했는데 하나님께서는 그때마다 해결책을 제시하셨다. 그러나 다섯번째도 거절하자 하나님께서는 마침내 진노하시며 그에게 또 다른 해결책으로서 그의 형 아론을 대변자로 삼으셨다. 이처럼 하나님은 어떠한 경우에라도(심지어 당신의

백성이 믿음이 없어 당신을 화내게 만드는 경우에도) 당신의 뜻을 포기하지 않으시고 기어이 성취하고야 마신다. 이것이 바로 당신의 백성을 향한 하나님의 신실함이다.)

 노 젓기

1 사단이 사용하는 무서운 심리적 무기는 열등감과 부족하게 느끼는 것과, 자신의 가치를 무시하는 감정들이다. 바로 낮은 자존감(Low self-esteem)이다. 사단은 다음의 방법으로 치명적인 이 무기를 사용한다. 이것으로 우리를 패배와 실패의 생활로 이끌고 간다.

1 낮은 자존감은 당신의 잠재력을 마비시킨다(한 달란트 받은 사람의 경우처럼).
2 낮은 자존감은 하나님과의 관계도 파괴시킨다.

민13:30-33에서 10명의 문제는 무엇인가?
대적을 과장하고 반대로 자신은 과소평가함
(가데스 바네아의 배역 사건이다: 그들은 약속의 땅에 대해 나쁜 평가를 했을 뿐 아니라 자신들이 들어가 살 '기업'으로서는 부적합한 곳이라는 평가를 내렸던 것이다. 즉 그들은 근본적으로 하나님의 약속에 대해 불신하며 모욕했던 것이다. 10명의 정탐꾼들이 32절에서 말한 것처럼 그 땅의 '모든 백성'이 그와 같은 장대한 체격을 가진 것은 아니었다. 그러나 10정탐꾼들의 보고에는 불가능을 미리 전제하고 있었기 때문에 모든 보고가 과장될 수 밖에 없었다.)

3 낮은 자존감은 대인관계를 해친다(열등감, 사람들과의 접촉을 회피).
4 낮은 자존감은 하나님을 위한 당신의 사역에 방해가 된다.

하나님께 자신의 기회를 드려보지도 않고 자신을 과소평가하는 것은 하나님의 일을 방해하는 가장 큰 잘못이다.

위 네 가지 중에서 자신과 관련한 한 가지를 말해보라.
대부분의 사람은 상대적 열등감에 시달린다.

2 내가 열등감의 노예인가 높은 자존감을 가지고 사는 사람인가를 평가하는 시험지가 있다. '나는 늘 비판적인 사람인가? 늘 좋은 점을 보는 사람인가?'

열등감..자존감의 문제.

다음은 높은 자존감을 가진 사람의 특징이다.

• 다른 사람의 장점을 찾아 인정하고 칭찬할 수 있다. • 모든 사건의 좋은 점이 보인다. • "잘 되었다"고 말할 수 있다. • 얼굴이 온화하고 웃음과 여유가 있다. • 자기를 용서하고 다른 사람의 잘못을 용서할 수 있다.

위에서 당신에게 특히 해당되는 것은? 해당되지 않는 것은?

진술하게 나누어보자.
_____

3 바울은 자신의 육신의 질병을 어떻게 이해했는가? (고후12:9)

약한 것들을 자랑
_____

(바울은 뼈아픈 '가시' ,육신의 고질병을 그대로 지닌 체 만족해야 했다. 주님께서 바울의 간구를 거절하신 이유는 당연하면서도 또 한편으로는 역설적이다. 즉 바울이 인간적인 약점이 없다면 그의 사역이 그 자신의 능력으로 잘못 이해되어 자고할 수 있으며 다른 사람들이 그를 신처럼 떠받들었을 것이다. 그러나 그가 약점을 지님으로써 자신에게서 나타나는 능력이 오직 하나님에게서 비롯되었음을 자각하게 되어 겸손하게 된다. 이로써 겸손한 자에게 하나님께서 은혜를 주신다는 은혜의 원리가 그에게도 적용되어 바울은 끊임없이 그 은혜의 원리를 따라 살게 되는 것이다.)

그 연약함에 대한 그의 결론은?

하나님의 은혜의 손길
_____

고후 12:10의 핵심은?

약함을 자랑- 그로인해 하나님의 능력이 나타남
_____

자기 사랑과 교만은 다르다. 만일 우리가 올바로 자신을 사랑한다면 자신이 가진 장점을 하나님의 선물로 받아들인다. 그러한 재능을 부인하지도 않을 것이며 다른 사람보다 우월하다고 생각지도 않는다. 또한 자신의 약점을 받아들이며 그로 인해 실망하지 않는다. 그 약점들을 하나님의 도우심으로 이기려고 노력할 것이다. 지나간 역사 속에는 주님 안에서 열등감을 축복의 기회로 삼은 많은 인물들이 있으니…. (그 외에 가까이 주변에 이런 예를 알고 있는지 나누어보라)

베토벤_____ 은 청각장애자였다. 그러나 그는 위대한 작곡가로 기억될 뿐이다.

링컨_____ 은 초등학교도 졸업하지 못한 무학자이다. 그러나 그는 흑인을 해방시킨 위대한 대통령으로 기억될 뿐이다.

존 번연_____ 은 감옥에서 평생을 보냈던 사람이다. 그러나 그는 대 역작 천로역정의 저자로 기억될 뿐이다.

(참조: 베토벤, 아브라함 링컨, 존 번연)

자신의 이름을 넣고 내용을 삽입하자!! 크게 낭독하게 하라.

그리고 나_____ 는_____ 그러나_____

4 엡2:10을 자신의 말로 써보라.

나는 그리스도를 위하여 선한 일을 위하여 지으신 바된 존재라!

(그리스도인들이 구원을 자랑할 수 없는 이유는 구원은 공적(功績)에 의한 것이 아닐 뿐만 아니라 하나님이 우리를 만드신 재창조의 사역이기 때문이다. 하나님의 재창조 사역은 그리스도 예수 안에서 성취된 것으로 그 목적은 '선한 일'을 위함이다. 하나님께서 그리스도인들로 하여금 선한 일을 행할 수 있도록 예비(豫備)하신 것으로 이것은 하나님이 그리스도인들에게 선한 일을 행할 수 있는 잠재력을 주셨다는 의미이다. '선한 일'은 성령의 은사를 통해서 가능하며 하나님의 은혜에 기인한 것이다.)

닻 내림

나는 특별한 존재다. 하나님은 나를 특별히 사랑한다.
말하라. 인정하라. 고백하라. 선포하라!

prayer & homework

*기도

*과제

매일 하루에 세 번 이상씩 선포하기 – 나는 특별한 존재다. 하나님은 나를 특별히 사랑한다.

≫ 자녀의 자존감 높이기 16계명

1 부모와 자녀의 관계를 원만히 형성하도록 도와준다(친밀한 사랑의 관계 형성).

2 위협 하지마라. 자아가 영글지 않았기 때문이다. 위협적이면 배척감, 소외감이 심화된다.

3 자녀의 실수, 실패에 관대하고 격려해야 한다. 심적인 상처를 최소화 해주기 때문이다.

4 자녀 스스로 판단한 일은 존중한다. 비록 자녀가 결정한 사항이 마음에 들지 않더라도 '색다른 생각' 이라고 먼저 칭찬해 준다. 선택의 자유를 준다.

5 자녀의 감정을 존중하고 수용해 준다. 분노에 대한 처리를 도와준다.

6 긍정적 자화상 형성에 협조한다. "바보 녀석!" 과 같은 인격적 공격 비판을 삼가 한다.

7 아들 딸, 첫째 둘째 구별없이 평등하게 대한다.

8 긍정적 정신을 심어 준다. 자녀의 특성과 개성존중, 포옹 등 부모의 신체 접촉은 수용의식을 극대화 한다.

9 자녀와 함께 책을 읽는다.

10 자녀 앞에서 배우자의 허점을 이야기하지 않는다.

11 아무리 떼를 써도 불필요한 것은 절대 사주지 않는다.

12 부모에게 자주 안부전화를 한다.

13 자녀와 함께 노래를 불러라.

14 자녀와 함께 집안 일을 한다.

15 자녀를 꾸짖을 때는 아무도 없는데서 한다.

16 자녀가 잠자리에 들 때 자녀를 위하여 축복하라.

*18 고독과 우울증

여는 시간

년   월   일   시   장소

차와 나눔
" 주님 앞의 **喜怒哀樂** "

찬양 ♪♫

점검 " 지난주 제자의 삶"
성경읽기 (전혀못함0, 1, 2, 3, 4, 5, 6, 7, 8, 9, 10완벽함)
성구암송 (전혀못함0, 1, 2, 3, 4, 5, 6, 7, 8, 9, 10완벽함)
교재예습 (전혀못함0, 1, 2, 3, 4, 5, 6, 7, 8, 9, 10완벽함)
특별과제 (전혀못함0, 1, 2, 3, 4, 5, 6, 7, 8, 9, 10완벽함)
매일큐티 (전혀못함0, 1, 2, 3, 4, 5, 6, 7, 8, 9, 10완벽함)
점검 파트너 이름 /   서명 /

큐 티나눔

닻 올림

유대인 신학자 Vance Havner는 인생의 경험에는
세 가지 유형이 있다고 했다.

1 정상에서의 나날들(mountain top days)"
모든 일들이 가장 극적으로 진행되는 현실 상황에서 사는 날들.
2 일상적인 나날들(ordinary days)
별일 없이 평범하게 살아가는 나날들.
3 어두운 나날들(dark days)
실의, 절망, 혼란 속을 무거운 발걸음으로 터벅터벅 걷는 인생의 과정들.
위 세 가지 경우 중, 요즘 당신은 어느 경우에 가깝다고 느끼는가?

항해 지도

열왕기상 19:1-21

지도 보기

왕상 18장에서 엘리야는 바알 선지자 450명과 아세라선지자 400명을 홀로 대적하
여 권위있는 말과 능력 있는 기도를 드린다. 그러나 19장에서 그는 다시 홀로 있게
되고 절망에 빠져버린다. 그는 여호와를 따르는 것이 자기뿐이라고 생각한다.

1 왕상 19:1-8의 줄거리를 요약해보라. '엘리야' 대신 당신의 이름을 넣어 읽어보
며 엘리야의 심정을 공감해보라. 그는 왜 두려워했으며 어떻게 기도했는가?

엘리야는 사악한 왕비 이세벨이 자기를 죽이려 한다는 사실을 들었다.

그는 급히 도망하여 남쪽 광야에 들어가 로뎀 그늘에서 자포자기 하여 잠이 들었다.

이에 여호와의 천사가 와서 음식을 넉넉히 공급하였고 이것을 먹고 엘리야는 멀리 호렙산 까지

갈수 있었다. 그는 탈진할 수 밖에 없는 처지에 있었다. 그는 생명의 위협에 직면했으며 차라리

여호와께서 나를 데려가 달라고 청했다.

2 하나님은 어떻게 응답하셨는가?

엘리야를 측은히 보심

___

엘리야의 필요 중 무엇을 먼저 채워주셨는가?

육신의 허기짐과 갈증을 해결해주심

___

당신은 때로 '육체적' 요인으로 우울해지지는 않는가?

몸의 컨디션은 정신과 영혼에까지 영향을 미친다. (근자에 그런 경험이 있는지…)

___

3 하나님은 엘리야의 외로움을 풀어주시려고 특별히 무엇을 주시는가? (21)

함께 할 동역자

___

하나님께서 당신에게 이와 비슷한 일을 행하신 적이 있는가?

(고독을 이기는 최상의 길- 근자의 그런 경험 나누기)

노 젓기

1 당신은 어떤 것으로 인해 곧잘 우울해지는가?

각자의 문제를 열어 보이게 하라

___

해당 되는 것을 모두 O표 하고 함께 나누라.

1 지나치게 내 문제에만 집착한다.
2 항상 어디서든지 자기 자신을 나타내려고 한다.
3 다른 사람과 항상 비교한다.
4 남이 나에 대하여 말할 때 부정적으로만 이해한다.
5 남이 나에 대하여 항상 감사하기만을 기다린다.
6 매사에 의심을 갖는다.
7 시기와 질투심이 지나치다.

8 작은 일에까지 지나치게 예민하게 반응한다.

9 나에 대한 비판을 전혀 수용하지 못한다.

10 나 이외에 다른 사람을 절대로 믿으려 하지 않는다.

2 시편 42편의 시는 예루살렘 성전으로 돌아가는 것이 불가능하였던 바벨론 포로 시절에 쓰여 졌을 것이다.

시인은 누구를 향하여 말하고 있는가?

1절. 하나님에게 자신의 심정을 토로

1~3절에서 보는 시인의 마음은 어떠한가?

사람들로부터의 박해를 하나님을 추구함으로 해결하려함

5절에서 그의 마음은 어떤 전환점을 가지는가?

절망 중에서도 하나님으로 인해 반전을 봄

3 '평강을 주제로 한 미술대회가 영국의 어느 곳에서 열렸다. 평강을 묘사한 산과 조용한 연못들, 전원풍경, 즐거운 가정의 모습 등이 소재가 된 아름다운 그림들이 많이 출품되었다. 그러나 우수작품은 천둥이 치듯 요란한 소리를 내며 떨어지는 폭포를 그린 그림이었다. 언뜻 보면, 그 그림은 오히려 평강의 반대면을 보여 주는 것 같았다. 그렇지만 자세히 보면, 폭포의 급류 위에 돌출된 바위가 있고, 그 바위 끝에 한 어미 새가 앉아서 새끼들에게 먹이를 주는 모습을 발견하게 되는 그림이었다.'

이 글에 대한 당신의 느낌은?

느낌을 말해보게 하라

시29:10,11을 자신의 말로 써보라.

홍수 속에서도 미동도 하지 않으시는 여호와, 그는 자기 백성에게 힘과 평강을 주신다.

4 빈 ( ) 채우기

"아무 것도 (염려)하지 말고 다만 모든 일에 기도와 간구로, 너희 구할 것을 감사함으로 하나님께 아뢰라 그리하면 모든 지각에 뛰어난 하나님의 (평강)이 그리스도 예수 안에서 너희 마음과 생각을 지키시리라 " (빌 4:6-7)

 닻 내림

이제 당신이 우울증에 걸린 사람을 돕자!

계속적으로 기도하라

개인적으로 책임지려고 하지 말라. 그의 어려움을 계속해서 하나님 앞에 내려 놓도록 하라.

계속적으로 관계를 지속하라

단 몇 분이라도 집중해서 들어주며, '당신을 기억하고 기도하고 있다' 는 내용의 카드나 메모를 보내라.

종합건강진단을 받도록 권하라

약물을 복용하고 있다면 부작용은 없는지 상태를 체크하라.

건전하고 유능한 기독교상담을 권하라

상담 없이 약물치료만 하는 것은 문제를 덮어두는 것일수 있다.

구체적이고 실제적인 방법으로 도우라

'정원 가꾸기, 시장보기, 아이들 돌봐주기, 집안 청소하기' 등의 방법으로 도울 수 있다.

조그마한 선물을 들고 찾아가라

껌, 사탕, 가볍게 읽을 책, 묵상집 등.

작은 기쁨을 함께 나누라

친구와 산책하면서 들꽃, 일몰과 일출, 구름, 파아란 하늘을 바라보고 음미하라.

지혜롭게 말하라

"그렇게 우울해 하지 말아" 라는 식으로 말하지 않도록 하라.

찬송

'내 영혼의 그윽히 깊은데서…'를 조용히 부르기

*기도

"하나님, 저는 지난날 수많은 사람들과 만나고 헤어지며 살아왔습니다. 때로는 이 세상에 무언가 좋은 것이 있는 것처럼 살았던 세월도 없지 않지만 주님, 제 생애에서 주님을 만난 것을 제외하고는 아무것도 큰 사건이 없었습니다. 제가 변함없이 주님만을 사랑하며 여기까지 왔다고는 할 수 없지만, 주님과의 만남을 제외하고는 제 인생에 진정 기쁘고 복된 날이 없었습니다. 제 마음 밑바닥에 있는 유일한 소원을 기억하소서. 주님의 이름을 높이며 살고 싶습니다. 비천한 인생에게도 은혜와 긍휼을 허락하소서."

*과제

잊고 있던 감사한 사람들을 찾아 전화나 편지 쓰기 - 5명 이상

≫ 외로움을 극복하기 10계명

외로움(loneliness)은 "친구가 없고 홀로 있으며 의지할 곳 없는 느낌의 상태" 로 정의한다.

외로움은 여러 모양을 하고 찾아온다. 때때로 내적 공허함, 텅빈 느낌 같기도 하고 혹은 사무치는 쓸쓸한 느낌, 불명확한 만족에 대한 깊은 갈망 같기도 하다. 외로움을 고독과 같다고 생각하는 것은 잘못이다. 고독은 본인이 선택하는 것인 반면 외로움은 원하지 않아도, 싫어도 찾아온다.
고독은 물리적인 것이며 외로움은 심리적인 것이다. 외로움은 부정적이고 비생산적이지만 고독은 건설적이고 열매를 맺게 할 수 있다. 놀랍게도 외로움은 나이든 사람들보다 청년기나 젊은 사람들 사이에 심하게 만연되어 있음이 밝혀졌다. 자신의 외로움의 정도가 심하다고 생각되면 다음의 몇 가지를 시도해 보라.

1 주님께서 나의 외로움 속에 나와 함께 하심을 믿으라.

2 외로운 것은 죄가 아니므로 죄책감을 더하지 말라.

3 자기 땅을 영적으로 깨끗이 하라. 곪은 데를 짜내는 것이 신체에 미치는 영향과 마찬가지로 영적으로도 같은 효과를 갖는다.

4 해결되지 않은 문제를 가지고 사는 것을 배우라.

5 자기 연민을 버리라. 많은 경우 연민은 평안의 적이다. 자신의 생각에 집중하기를 고집한다면 외로움의 불꽃에 연료를 대주는 것이다.

6 상황이 바뀔 수 없으면 그것에 대항해서 싸우기를 받아들이라.

7 더나아가 한발 내딛어 오늘의 패턴을 깬다. 더 형편이 나을 때를 기다리지 말라. 그런 때는 결코 오지 않을 것이다.

8 나의 욕구와 열망은 나 밖의 대상에 두라. 타인의 유익 속에서 자신을 잃어버리라.

9 친구가 될 수 있다고 생각하는 다른 그리스도인에게 상호간의 관심사를 가지고 먼저 다가가라.

10 한 번 사람들과 만난다고 해서 나의 모든 문제가 해결되지는 않음을 미리 알라.

제자, 거룩한 열정으로의 부르심/ J. 오스왈드 샌더스

나는 종말과 하나님의 구원의 진리를 깨닫고 있습니까?

나는 내 주위 사람들의 필요를 채워주는 역할을 하고 있습니까?

▶▶ 우울증을 이기는 12가지 지혜

1 깊게 숨을 들이쉬고, 창밖을 보고, 꽃 향기를 맡아 보자. 긍정적이고 낙관적인 생각과 행동은 우울증 해방의 첫걸음

2 '반드시', '꼭', '틀림없이', '절대로' 와 같은 단어들은 우울증으로 귀착되는 분노와 상처를 준다. 완고하고 융통성 없는 생각은 버린다.

3 죄책감이나 분개심이 일어날 때는 춤을 춘다거나 고함을 치고, 허공에 발길질하는 등 행동으로 풀어 버리자.

4 용서하고 잊어버리고 자신의 인생을 살아가자. '나는 이렇게 판단했던 내 자신을 용서한다' 등.

5 너무 많은 일, 치밀한 계획표는 자신을 얽는 올가미이다. 일들을 그냥 그렇게 되도록 놔두자.

6 유머 있는 생활을 하자. 웃음은 우울증을 신속하게 치료하는 훌륭한 약이다.

7 음악은 단순히 기분을 어루만지는 이상의 역할을 한다. 좋은 음악을 듣자.

8 표현이 곧 즐거움이다. 그림, 노래하기, 춤추기, 정원 가꾸기, 운동 등 능동적으로 참가하는 일을 하자.

9 나와 남이 존재하는 모든 것에 감사하자. 하찮은 것과 행동도 존재의 가치가 있다.

10 비타민 B, C, 미네랄은 우울증과 면역계와 관계가 깊다. 적당한 영양을 공급하자. 20ml이상의 물을 하루에 8잔 이상 마시는 것도 도움을 준다.

11 건강은 감정의 유연성과 인내심을 준다. 유산소 운동, 가벼운 산책 등은 우리 몸에서 항우울 물질인 엔돌핀을 만든다.

12 늘어져 있지 말자. 자세를 바로 하고, 고개를 들고, 심호흡을 하라.

*19 주재권 Lordship

여는 시간

년   월   일   시   장소

차와 나눔

" 주님 안의 喜怒哀樂 "

찬양 ♪♫

점검 "지난주 제자의 삶"

성경읽기 (전혀못함 0, 1, 2, 3, 4, 5, 6, 7, 8, 9, 10완벽함)

성구암송 (전혀못함 0, 1, 2, 3, 4, 5, 6, 7, 8, 9, 10완벽함)

교재예습 (전혀못함 0, 1, 2, 3, 4, 5, 6, 7, 8, 9, 10완벽함)

특별과제 (전혀못함 0, 1, 2, 3, 4, 5, 6, 7, 8, 9, 10완벽함)

매일큐티 (전혀못함 0, 1, 2, 3, 4, 5, 6, 7, 8, 9, 10완벽함)

점검 파트너 이름 /   서명 /

큐티나눔 ●●

 **닻 올림**

'주님 중심의 삶'이란 과연 어떤 것일까?

 항해 지도

요한복음 20: 26-28

 지도 보기

주 예수께서 십자가에 죽으신 후 제자들은 숨을 죽이고 있었다. 혹간 부활하신 주님을 뵈었다는 말들이 있었지만 여전히 저들은 위축되어 있었다. 주 예수께서는 저들에게 '평강'을 선포하셔야 했다.

1 특히 제자들 중 도마를 지목하신 이유가 무엇일까?

평소에 의심이 많은 자(24,25절 참조)

'믿음 없는 자'의 특징은 무엇일까?

분명한 사실도 의심함

2 도마의 고백(My Lord and My God!, RSV)을 써보자. 당신도 이와같은 고백을 할 수 있는가?

나의 주님이시요 나의 하나님이시니이다.

(한때 도마가 증거를 요구하며 믿음이 없는 모습을 보이기는 했지만 지금 그의 입을 통혜 나온 신
앙 고백은 과거의 실수를 만회할 만하며, '나의 선생님'이라고 고백한 마리아의 신앙 고백을 훨씬
넘어서는 것이다(16절). 도마는 부활하신 예수의 모습 속에서 생전의 주님을 재발견한 것이 아니라
16,17절 주석 참조) 하나님의 모습을 발견한 것인데, 이는 곧 예수의 부활의 의미를 진정으로 이해
했다는 의미이다.)

3 주님은 그런 고백을 받으실 자격이 있는가? (마28:18)

부활하신 예수님은 아버지로부터 하늘과 땅의 모든 권세를 위임 받으심.

(그의 권세는 부활 전이나 후나 모두 절대적인 권세이다. 단지 차이점이 있다면, 부활후에는 `하늘과

땅의 모든 것', 즉 우주의 모든 권세가 그분에게 주어졌다는 것이다.)

4 주님은 우리의 모든 (죄) 값을 대신 지불해 주신 분이시다.
고전 6:19-20을 자신의 말로 써보라.

너희의 몸은 하나님으로부터 받은 성령의 전이며 큰 값으로 산 바 됨으로 주인이신 하나님의

기쁨이 되어야 한다.

(하나님의 전으로서 각각의 그리스도인들은 거룩한 하나님의 전에 적합하지 않은 행위들을 삼가해

야 한다. 왜냐하면 그리스도인은 자신의 모든 인격을 포함해서 자신의 몸을 성령이 거하시는 거룩

한 처소(處所)로 생각해야 하기 때문이다. 그리스도는 '죽음'이라는 고귀한 값을 치르고 죄인들에게

자유를 허락 하셨다. 따라서 구속받은 백성은 이제 그리스도의 소유물로서 그 속에서 자유를 누리며

하나님께 영광을 돌리는 삶을 추구하여야 한다).

 **노 젓기**

1 주님은 만유를 다스리는 권한을 가지신 왕(The King of kings)이시다. 인간이 흙
에 불과하다면 그분은 누구신가? (롬9:20-21)

(마음대로 그릇을 빚을수 있는) 토기장이

믿음의 가장 굳건한 단계 중에 하나는 우리가 하나님이 아니라는 사실을 분명히 하
는 것이다. 즉 우리 자신이 하나님이 되려고 하지 않겠다고 결단하는 것이다. 그러
면 그것은 우리로 무릎 꿇게 하고 하나님을 하나님으로 예배하게 만들 것이다. 이
마음자세가 바로 모든 깨달음의 시작이다.

2 우리는 하나님과 그의 말씀에 순종하는 법을 배워야 한다. 벧전 2:21을 요약해보라.

우리로 그리스도의 뒤를 따르도록 본을 보여주셨음

(그리스도인들이 하나님을 생각함으로 고난을 받는 것은 하나님의 부르심에 합당하게 사는 것이며, 구원을 이루어가는 것이다(엡 4:1; 빌 3:12-14). 그리스도의 고난은 두 가지 목적을 가지고 있다. 그리스도께서 이 땅에 오셔서 당하신 고난은 그리스도인들의 죄를 대속하기 위하여 대신 당하신 것이다. 그리스도께서 스스로 종의 형체를 취하시고 고난을 받으신 것은 그리스도를 따르는 모든 그리스도인들에게 종의 모범을 보이신 것이다. 그리스도께서는 십자가 사건을 통해서 그리스도인들을 속죄하셨을 뿐만 아니라 그리스도인들이 마땅히 감당해야 할 고난의 참된 본보기를 제시하시고 따라오도록 하셨다.)

오늘 내가 순종하지 못하는 이유는?

불순종을 고백하자

다음 순종의 세 가지 요소 중 무엇인가? _____ **1 즉시 2 기쁘게 3 온전하게**

특히 나의 불순종의 원인을 이 세가지 중에서 찾는다면?

어떤 사람들은 예수님을 구원자로는 받아들이지만, 주님으로는 받아들이고 싶어 하지 않는다. 그들은 그분을 지옥으로부터 그들을 구원하신 분으로는 원하지만, 이 땅에서 그들의 주와 통치자로는 원하지 않는다. 그러나 둘 중 하나만 골라서 갖는 것은 불가능하다.

3 우리는 권리를 포기해야 한다.

1 내면- 마음의 주인 > (생각)을 바꿈

2 외면- 생활의 주인 > (소유권)의 이전= 재물이나 소유에 대해 주인 의식을 양도

4 그리스도인이 되는 것은 그리스도를 우리의 주인으로 모시고 순종하는 것이다.
눅6:46을 요약해보라.

입으로 주여를 부르며 행함이 없느냐?

(마태는 '하늘에 계신 내 아버지의 뜻을 행하는 자라야' 천국에 들어가리라고 하였다(마 7:21). 본 구절은, 예수를 따라 다니면서도 육체적이고 현세적인 것에만 관심을 가질 뿐 예수의 신령한 교훈을 깨달아 실천에 옮기는 일에는 무관심하였던 많은 무리들을 염두에 두신 말씀이라고 할 수 있다.

그러나 넓게는 소위 외형상으로 종교 생활을 해나갈 뿐 실제적으로는 신앙의 결실을 맺지 않는 일부 맹목적 신자들 전체에 대한 경계의 말씀이다).

예수님이 진정 우리의 주인이실 때 그분은 우리의 삶을 인도하시며, 우리는 기쁜 마음으로 그분께 순종한다. 우리의 가정과 가족, 성과 결혼, 직업이나 실직, 돈과 소유물, 야망과 레크리에이션까지도 그분의 주권 아래 두게 된다.

5 다음의 영역들을 분류해보라(재능, 꿈, 자녀, 교육, 돈 사용, 건강, 몸, 생명⋯.)
내 삶의 각각의 영역에 대한 주님의 다스림을 인정하는가의 첵크.

그리스도가 주님인 영역 > > > **내가 주인인 영역**
（   ）   （   ）

예수님이 만일 당신의 주님이라면 그분은 당신 인생의 모든 영역에 개입하기 원하실 것이다. 그리고 당신은 그분이 나의 주님이시길 원할 것이다.

6 눅 9:23을 자신의 말로 써보라.

주를 따르려는 자는 자기를 부인하고야 따를수 있다.

(예수를 따르는 것은 누구에게나 개방되어 있다. 그러나 예수를 따름에 있어서의 필요한 조건을 충족하기란 실로 어렵다. 첫째로 자기 부정이 요구된다. 자기 부정이란 자신의 주권이 하나님께 있다고 믿고 오직 하나님만 신뢰한다는 말이다. 둘째로 자기 십가가를 져야한다. 십자가는 로마 시대의 형벌 중 가장 잔혹한 것으로 고난과 죽음을 상징한다. 셋째로 이러한 자기 부정과 십자가를 지는 삶이 지속성있게 전개되어야 한다. 그리스도의 장성한 분량에까지 성장하려면 일시적 결심으로만은 부족하며 일관된 신앙 훈련이 요구된다.)

닻 내림

제자의 삶 서약– 나는 그리스도의 제자로서 나를 부르신 그 소명에 따라 이 땅을 사는 동안 사명의 삶을 살기로 약속합니다.

주재권 선언

1 나는 하나님께서 무엇을 원하든지 관계없이 내가 원하는 것을 하겠다.

2 내가 원하는 영역을 하나님께서 먼저 해주시면, 나도 그와 동등한 것을 드리겠다.

3 내가 원하는 영역을 하나님께서 먼저 해주시면, 나도 그가 원하는 것을 드리겠다.

4 나는 하나님께서 원하시는 것을 먼저 하나님께 드리겠다. 그러면 하나님께서 내가 원하시는 것을 주시리라 믿는다.

5 내가 원하는 것을 하나님께서 주시든 말든 상관없이, 나는 하나님께서 원하시는 것을 무엇이든지 하나님께 드리겠다.

		년	월	일
위 본인	이름	서명		
동료 증인	이름	서명		
지도자 확인	이름	서명		

prayer & homework

*기도

"주 예수님, 저는 제 삶의 모든 영역에서 당신의 길로 따르기를 원합니다. 저는 제 삶의 모든 영역에서, 즉 제가 읽는 책들에서, 제가 친하게 지내는 사람들에서, 제가 즐기는 것들에서, 저의 친구들에서, 저의 결혼에서, 저의 가정에서, 저의 재정에서, 저의 시간을 보내는 방법에서 당신께서 최고 결정권을 가지시기 원합니다."

*과제

나의 주재권 선언을 가족들에게 말하기

존이라는 청년은 하나님의 도우심으로 성공하여 잘 살고 있는 그리스도의 착실한 증거자인 한 의사의 자가용 운전사였다. 그 의사는 가끔 존과 그의 영혼, 그리스도 영접의 필요성, 그리고 내세에 대한 얘기를 주고받았다. 어느 날, 그는 주의 다시 오심을 기다리는 귀한 소망에 관한 얘기를 존에게 하면서 "여보게, 주님께서 오시면 자네가 내 차를 가지게나", "존, 자네 부인을 데리고 우리 집에 와서 그땐 살도록 하게"하고 덧붙였다. 다시한번 존은 열띤 목소리로 "감사합니다" 하고 대답하였다.

게다가 그의 주인은 주 예수님께서 오시면 자기의 모든 토지와 재산을 다 가져도 좋다는 말까지 덧붙였다. 존은 너무 좋아하면서 집에 와 자기 부인에게 자기 주인이 한 얘기를 들려주었다.

그들은 마음이 들떠서 잠자리에 들었으나 잠을 이룰 수가 없었다. 존은 '하늘 나라가 얼마나 좋은 곳이면 의사 선생님이 이 좋은 집, 새 차, 그 많은 재산을 다 버리고 주님이 재림하시면 그곳으로 가겠다는 것인가?' 하는 생각이 들었다.

그래서 한밤중에 그는 자리를 차고 일어나 자기 주인집으로 달려가서 문을 탕탕 두드렸다. 이에 주인이 나오자 그는 "아, 선생님 그 자동차, 전 싫습니다"하고 말했다. 그리고 계속해 "당신의 그 집도, 당신의 그 돈도 그리고 당신의 그 넓은 땅도 다 싫습니다." "그럼 자네 원하는 게 뭐란 말인가?" 하자, 그는 "저는 구원받기를 원합니다. 그래서 저도 당신처럼, 주님께서 오실 때를 준비하고 싶습니다"하고 대답했다.

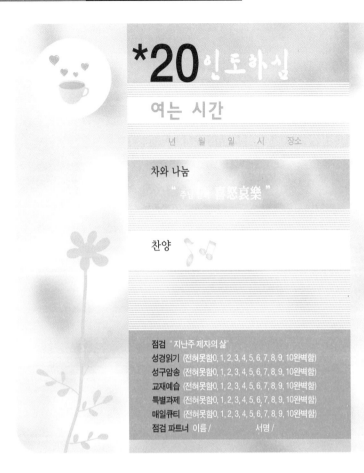

*20 인도하심

여는 시간

년 월 일 시 장소

차와 나눔

" 주님의 喜怒哀樂 "

찬양

점검 " 지난주 제자의 삶"
성경읽기 (전혀못함0, 1, 2, 3, 4, 5, 6, 7, 8, 9, 10완벽함)
성구암송 (전혀못함0, 1, 2, 3, 4, 5, 6, 7, 8, 9, 10완벽함)
교재예습 (전혀못함0, 1, 2, 3, 4, 5, 6, 7, 8, 9, 10완벽함)
특별과제 (전혀못함0, 1, 2, 3, 4, 5, 6, 7, 8, 9, 10완벽함)
매일큐티 (전혀못함0, 1, 2, 3, 4, 5, 6, 7, 8, 9, 10완벽함)
점검 파트너 이름 / 서명 /

큐티나눔

닻 올림

한 사람의 생존자가 작은 무인도에 도착했다. 하나님께 구조해 달라고 기도를 하였으나 아무도 오지 않았다. 결국 그는 주위의 위험으로부터 보호받기 위해 떠내려온 나무들을 가지고 오두막집을 지었다. 어느 날 그는 먹을 것을 찾아 헤매다 돌아오는데 그 오두막집이 불에 타며 연기가 하늘로 치솟아 오르는 것이었다. 그는 고함쳤다. "하나님, 어떻게 나한테 이러실 수가 있습니까?" 그 다음 날 갑자기 구조대가 도착했다. "여기 사람이 있는지 어떻게 아셨습니까?" 그들은 대답했다. "연기로 보낸 신호를 보았지요".

이 이야기에 대한 당신의 느낌을 말해보라.

야고보서 4:13-17

1 본문은 하나님의 미래적인 뜻에 대한 통찰을 주고 있다. 야고보는 앞날을 결정할 때 속단을 삼가라고 권하다. 그 이유는?

우리의 생명의 날이 우리에게 있지 않음(주의 손에!)

2 야고보는 미래에 대한 하나님의 뜻,사업의 성공,을 안다고 자부하는 자들을 염려하고 있다. 그것은 단순한 가정이다. 우리의 모든 계획에는 무슨 말이 붙어야 하는가?

주의 뜻이면….

오히려 우리는 무엇을 알고 있는가?

자랑은 악함, 선을 피하면 죄

우리는 주제넘게 미래를 속단하기 보다는 현재의 하나님의 뜻에 충실해야한다.

1 당신은 당신의 삶 속에서 "모든 것이 합력하여 선을 이룬다"고 믿는가?

롬8:28의 인용.

그러나 그 전제조건은 무엇인가? (하나님)을 (사랑)하는 자

(본 구절은 '하나님을 사랑하는 자'와 '부르심을 입은 자'를 동격(同格)으로 취급하고 있다. 즉 하나
님을 사랑하는 자는 하나님께 부르심을 입은 자이며, 하나님께 부르심을 입은 자는 하나님을 사랑
하는 자이다. 직역하면 '모든 것이 선을 위해 함께 역사한다'이다. 즉 하나님께서 만물로하여금 선을
위해 역사하도록 하셨다는 것이다.)

곧 그 뜻대로 부르심을 입은 자. 당신은 그러한 자인가?

우리가 안다는 것은 믿음에서 온다. 믿음으로 우리는 하나님께서 절대로 우리를 실
망시키시지 않는다는 것을 확신한다. 만약 당신의 마지막 희망이 연기로 사라졌다
고 느껴질 때에는 '우리가 알고 있는' 그 진리를 기억하라.

2 생각의 교정

'하나님의 뜻이란 내가 따라야할 미래의 구체적인 길이다. 우리의 책임은 그 길을
찾아내는 것이다. 우리는 따를 수 있는 많은 길들 중 정작 따라야 할 길, 하나님이
계획해 놓으신 길을 찾아내야한다.' 위와 같은 일반적인 생각의 문제점들에 대한
당신의 생각을 말해보라.

1 큰 결정은 고심하면서도 작은 결정들은 간과해버린다.
2 자신의 뜻을 숨겨두고 찾게 만드시는 하나님이라 생각한다.
3 앞날에 대한 집착은 미래를 내 힘으로 통제하려는 욕심일수 있다.

3 생각의 혁명

성경의 인물들 - 예수님, 바울에게 고뇌가 있다면 하나님의 뜻을 찾으려는 고뇌가
아니라 하나님의 뜻대로 살려는 고뇌이다. 마6:33을 자신의 말로 써보라.

너희는 우선 하나님을 추구해야한다

('하나님의 나라를 구한다'고 하는 것은 하나님의 구원의 통치 및 예수에 의해 이미 시작된 메시야적
왕국에 대한 복음을 듣고 또 순종하며 그 복음을 전파하기에 힘쓰라는 뜻이며 또한 그 나라의 완성
을 고대하며 하나님의 영광을 위해 살아가라는 뜻이다. 그리고 '하나님의 의를 구한다'고 하는 것은
산상수훈을 통해 예수께서 줄곧 강조해온 바와 같이 하나님의 뜻에 온전히 복종하는 가운데 하나님
과의 내적인 바른 관계를 지니고 외식을 피하고 은밀한 중에 보시는 아버지를 염두에 두고 선(善)을
행할 것을 가리킨다. 특별히 '먼저'는 이방인들이 인생의 목표로 정하고 추구하고 있는 세속적 욕망
과 세상적 노력이 모두 이차적이요, 부차적인 것임을 강조한 말이다.)

'하나님의 나라와 의를 먼저 구하면(그것이 우리 삶에 대한 하나님의 뜻), 미래에
대해 어떤 길을 선택해도 그것이 우리의 삶에 대한 하나님의 뜻이 된다. 우리가 취
할 수 있는 길과 방향은 얼마든지 많다. 하나님을 구하는 한, 그 모든 것이 우리의
삶에 대한 그분의 뜻이 될 수 있다. 그러나 실제로는 한 길(우리가 택한 길)만이 그
분의 뜻이 된다!

4 그렇다면 고전3:21-23을 읽고 다음의 빈( )를 채워보라.
'**하나님을 먼저 구하며 삶 전체를 그분께 내어드리기만 하면 갑자기 세상은 온통 가
능성의 천지로 변한다. 하나님은 영원한 유익을 위해 (환경)를 비롯한 모든 것을 사
용하신다. 하나님이 우리 인생에 대해 품고 계신 뜻은 하나가 아니라 많다. 그 분은
당신이 결혼할 사람을, 평생 직업을 정해두지 않았다. 나의 선택이 내 삶을 향한 그
분의 (뜻)이다.**

우리는 하나님의 뜻 바깥에 있는 결정을 내릴 수가 없다. 우리가 이미 그분의 뜻 안
에 있기 때문이다. 요 8:32을 자신의 말로 써보라.

진리만이 우리에게 참 자유를 준다.

언젠가 알게 되겠지만, 하나님은 우리 인생에 대한 뜻을 가지고 계신다. 한 문으로 방에 들어서면 차차 다음에 통과할 문을 알게 된다. 분명한 인도가 없으면 내가 문을 골라서 통과하면 된다. 한 방에서 다른 방으로 인생의 단계는 진행된다. 시간이 가면서 우리는 하나의 유형이 나타나는 것을 보게 된다. 우리가 살아온 그 길이 하나님의 뜻이었다는 것을. 그러나 이 유형은 이미 살아온 삶을 되돌아봄으로써만 볼 수 있다.

5 빈( ) 채우기

"너는 마음을 다하여 여호와를 신뢰하고 네 (명철)을 의지하지 말라 너는 범사에 그를 인정하라 그리하면 네 길을 (지도)하시리라 "(잠 3:5-6)

이 구절의 본래의 의미는, 하나님을 신뢰하고 또 자신의 세상적인 명철보다 하나님의 지혜를 의지하며 자신의 삶의 모든 부분에 있어서 하나님을 인정하는 자는 하나님의 기준에서 볼 때 형통하는 삶을 거두게 될 것이라는 것이다.

닻 내림

어떻게 될지는 아무도 모른다. 그러나 다 잘 될 것이다! 하나님 안에 있는 우리에게 이것이야말로 확실한 약속이다. 이 약속 때문에 회사에서 잘릴까, 사랑하는 이를 잃을까, 이번 일에 실패할까를 염려할 필요가 없다. 무엇을 먹을까, 무엇을 입을까 고민할 필요가 없다. 죽을 때 못 먹은 것, 못 입은 것으로 후회하지는 않는다. 오직 덜 사랑했음을, 덜 용서했음을, 덜 충성 했음을 통회한다. 인자하고 자비로우며 또한 엄격하고 위엄있는 그 분 앞에 섰을 때를 생각하며 나 자신을 점검하자.

*기도

모든 삶의 결정에 대한 염려, 미래에 대한 의문을 내려놓자. 오직 주님을 높이며 오늘 내가 해야 할 일에 최선을 다할 수 있기를 간구하자.

*과제

롬8:35-39을 외워서 3번씩 써오기

≫ 하나님의 음성을 듣는 법 12가지

1 인도하심은 복잡한 것이 아닙니다. 우리가 겸손히 그의 주되심을 복종하는것입니다. 사탄을 대적하는 예수님의 이름의 권위를 사용하십시오(약4:7, 엡6:10-20). 응답을 기대하세요(요10:27).

2 하나님의 원하시는 방법으로 말씀하시도록 허락하세요. 우리는 그의 종일뿐입니다. 때로는 꿈, 말씀, 기도, 다른 사람, 환상등을 통해서도 말씀하십니다.

3 철저한 죄의 고백입니다.

4 명령하신 마지막 일에 순종하셨나요?

5 스스로 인도하심을 받으세요. 다른 사람을 의지하는것은 위험한 일입니다.

6 하나님의 허락 하에 당신의 인도함받은 것을 말하세요. 그렇지 않으면 교만, 추측, 때를 놓침, 다른 사람에게 혼란등을 초래합니다.

7 영적인 사람들을 통해 당신의 인도함을 확인시켜줄 것입니다.

8 위조지폐를 조심하세요. 점괘, 강신술, 점성학, 운수 등의 가짜인도하심을 조심하세요. 하나님의 인도하심은 여러분을 더 깊은 자유함으로 그리고 주님께로 더욱 가까이 이끄십니다. 그리고 성령께서는 절대로 성경에 어긋나는 일들을 시키지 않으십니다.

9 사람의 반대는 때로 하나님으로부터 온 응답일 수도 있습니다. 주님은 우리를 당신의 그의 뜻을 이루기 위한 다른 계획을 가지실 때가 있는 것입니다.

10 인도하심은 장난이 아닙니다. 하나님의 뜻은 무엇이든지 바른 자세로 바른 사람들과 바른 방법으로 하나님의 일을 하기를 원하십니다.

11 하나님의 음성은 들을수록 쉬워집니다.

12 하나님과의 관계는 인격적인 관계입니다. 진정한 관계의 중심은 내가 그분을 얼마나 사랑하며 그것을 그분께 표현하고 따르느냐에 달려있습니다.

*21 다시 오심

여는 시간

년　월　일　시　장소

차와 나눔
" 주님 함께 **喜怒哀樂** "

찬양 ♪♫

점검 " 지난주 제자의 삶"
성경읽기 (전혀못함0, 1, 2, 3, 4, 5, 6, 7, 8, 9, 10완벽함)
성구암송 (전혀못함0, 1, 2, 3, 4, 5, 6, 7, 8, 9, 10완벽함)
교재예습 (전혀못함0, 1, 2, 3, 4, 5, 6, 7, 8, 9, 10완벽함)
특별과제 (전혀못함0, 1, 2, 3, 4, 5, 6, 7, 8, 9, 10완벽함)
매일큐티 (전혀못함0, 1, 2, 3, 4, 5, 6, 7, 8, 9, 10완벽함)
점검 파트너 이름 /　　　　　서명 /

큐 티 나눔 ●●

닻 올림

만일, 5년 안에 주님이 오신다면 당신은 어떤 계획을 가지고
살겠는가?

항해 지도

사도행전 1:6-11

지도 보기

때가 차자, 오신 예수님은 그의 생에 목적을 다 이루시고 승천하셨다.

1 제자들의 궁금증은 무엇이었는가?

이스라엘의 회복의 때

(제자들은 예수께서 '약속하신 것'(4절)에 대해 오해하고 있었다. 주님의 지상 사역 기간 동안 줄곧 그

들은 이스라엘의 만족적인 독립과 회복을 통하여 실현 되어질 하나님 나라를 보고자 하는 소망을 가

지고 있었으며 나라가 회복되면 자신들이 권력의 자리에 앉게 될 것이라는 환상에 빠져 있었다.)

그러나 예수님은 '하나님 나라의 회복'을 염두에 두고 말씀하셨다.
이 일에서 하늘 아버지의 몫은? (7)

때와 시기를 정하심

제자들의 몫은? (8)

성령을 받고 주의 증인이 됨

예수님의 승천 현장을 묘사하면? (9,10)

천사들의 호위를 받으며 구름을 타고 가심

남겨진 약속은? (11)

예수님은 본 그대로 다시 오심.

(주님은 제자들의 관심을 장차 그들이 감당해야 할 사명으로 돌리셨다. '내 증인이 되리라'는 성령 강림의 약속의 실현과 더불어 제자들이 본격적으로 증인의 사역을 감당하게 될 것을 말하고 있다. '구름'은 하나님의 임재하심과 영광을 가시적(可視的)인 형태로 표현하는 상징적인 의미로 볼 수 있다. 예수의 재림 사실에 대해서는 그 방법까지도 강조하여 묘사하고 있다. 예수께서 부활, 승천하신 사실은 당신의 재림을 확신시키는 보증(保證)의 역할을 한다.)

2 예수님 자신이 생전에 남기신 약속을 보면

"그때에 (인자)의 징조가 하늘에서 보이겠고 그때에 땅의 모든 족속들이 통곡하며 그들이 (인자)가 구름을 타고 능력과 큰 영광으로 오는 것을 보리라" (마24:30)

* 하나님의 말씀은 반드시 성취된다(마5:18)! 초림에 대하여 456회, 재림에 대하여 1,518회

노 젓기

종말은 언제인가? 주님의 재림의 연월일을 예고하는 자들이 있지만 그날과 그 때는 아무도 모른다(마24:36). 확실하게 말할 수 있는 것은 아무도 모르게 도적같이 임한다는 것이다.

1 단지 성경에서 언급하는 재림의 징조들은 어떤 것들이 있는가?

(마24:6)	난리 소문
(마24:11)	거짓 선지자들의 발흥
(마24:14)	천국복음이 모든 민족에 전파
(눅18:8)	사람들의 믿음이 식음

(우리는 정해진 주의 날은 모르나 그 날의 징조는 알수 있다.)

2 우리는 어떻게 주의 재림을 준비해야 하는가?

(마4:17)	회개
(벧전4:7,8)	근신하여 기도함, 뜨겁게 사랑함
(히10:25)	(주의 이름으로) 모이기를 힘씀

예수께서는 곧 세상에 다시 오실 것이다! 그때 그 분 안에서 죽었던 자들은 무덤에서 나오게 되며, 죽음이 완전한 생명이 되고, 눈 깜짝하는 순간에 우리는 변화될 것이다(고전15:51-52). 그리고 그 분의 왕국을 세우실 것이다. 그 날에 사탄은 결박될 것이다. 예수님의 재림은 온 인류에 대한 심판의 날을 말하는 것이기도 하다. 그러나 성도에게 심판날은 축제의 날이다.

3 성경은 우리의 삶이 이 땅위에서의 현재적인 것에서 끝나지 않고 다음의 생으로 이어진다고 알려주고 있다. 그리스도의 부활은 우리의 부활과 어떤 관계를 가지는가? (고전 15:20)

잠자는 자들(주안에서 죽은 자들)의 첫 열매되심

첫 열매의 뜻은 무엇인가?

첫번째로 하나님께 드려진 처음 익은 열매

그가 첫 열매가 되신다면 나는?

주님의 뒤를 따르는 숱한 열매 중 하나… 번호가 있다!!

(그리스도께서 다시 살아나심으로 그의 백성의 부활도 얻어진 것이다. 그는 머리요 그의 백성은 몸이니, 머리가 부활하였은즉 몸된 교회도 부활하도록 되어있다.)

4 사도 바울은 내세를 부정하고 부활을 의심하는 자들에게 씨뿌리는 비유를 통해 설명하고 있다(고전 15:35-58). 우리가 부활할 수 있는 근거는 생명의 근원이 담긴 씨앗에 있다고 볼 수 있다. 또한 부활한 신자들에게는 영광의 다양성이 제기된다. 각각 어떤 영광이 있는가? (15:39-41)

각기 다른 영광이 주어짐

(하나님께서 모든 생물들을 창조(創造)하시는 사역에 있어서, 그 몸들의 구조와 모양이 각각 다르게 하셨다. 그렇다면, 그가, 인간들을 부활시키는 사역에 있어선, 땅에 있던 그들의 육체의 모습과 같이 하셔야만 되는 제한을 받을 것인가? 그럴 리는 없다. 하나님께서 신자들의 다시 살아날 몸을 현세(現世) 사람의 몸과 다르게 할 수 있음을 지적한다. 바울은 여기서, 현세의 인체(人體)와 내세의 부활체(復活體)와의 대조(對照)를 보여주며, 양자(兩者)가 하나님의 능력으로 성립되며 존재할 수 있음을 지적한다.)

그러나 그 중에는 부끄러움을 당할 자도 있겠고 빛날 자도 있을 것이다. 어째서 이런 차이가 벌어지는가? (단 12:2-3)

그들의 생전의 삶에 따라 다른 결과를 가져옴

(성도들의 영원한 구원이 성취되는 그때에 이미 죽은 자들 가운데서도 많은 자들이 영혼뿐 아니라 육체적으로도 부활하게 될 것이다. 이렇게 부활한 자들은 백보좌 심판(계 20:11-15) 앞에서 이전의 신앙적 삶과 불신앙적 삶의 여부에 따라 영생의 구원을 얻기도 하며 영원한 형벌을 받기도 한다. 특히 삶의 열매로 많은 사람을 구원하게 된 이들을 극찬한다. 곧 이 경건한 성도들은 그리스도의 영광의 상징인 빛과 함께 영원한 천국의 삶을 보장받게 된다.)

5 빈 ( ) 채우기

" 형제들아 우리가 너희에게 구하는 것은 우리 주 예수 그리스도의 (강림)하심과 우리가 그 앞에 모임에 관하여 영으로나 또는 말로나 또는 우리에게서 받았다 하는 편지로나 주의 날이 이르렀다고 해서 쉽게 (마음이 흔들리거나) 두려워하거나 하지 말아야 한다는 것이라 " (살후 2:1-2)

닻 내림

성경에는 천국을 가리키는 두 단어와 지옥을 가리키는 두 단어가 나온다. '낙원과 천국'이라는 단어와 '음부와 지옥'이라는 단어이다. 낙원은 때로 아브라함의 품으로 묘사되고, 음부는 고통받는 것이라고 묘사되기도 한다.

신자의 영혼은 낙원에 이르고, 불신자의 영혼은 음부에 이르러 심판의 날까지 대기

하게 된다. 예수님이 재림하실 때에 믿는 자는 낙원에 있던 영혼과 땅에 있는 육체
가 결합하여 천국에 이르게 되고, 믿지 않는 영혼들은 음부에 있던 영혼과 땅에 있
는 육체가 결합하여 영원한 지옥에 떨어지게 되는 것이다.

prayer & homework

*기도

----

*과제
기도후원자 대회 준비

등대

>> 말세에 성도가 기도할 것 열 가지

1 거짓 선지자들의 미혹에 넘어가지 않도록 (마24:4-5)
2 말세의 징조 현상에 대해 두려워하지 않도록 (마24:6-7)
3 예수를 위해 받는 핍박에서 이기도록 (마24:9-12)
4 구원을 얻기 위해 끝까지 인내하도록 (마24:13)
5 하나님의 말씀으로 무장해 굳건히 견디도록 (마24:13)
6 말세임을 분별할 수 있는 지혜가 생기도록 (마24:15)
7 늘 준비하며 기다릴 수 있도록 (마24:16-20)
8 하나님께서 환란의 때를 감해 주시도록 (마24:22)
9 주의 재림의 약속을 확신할 수 있도록 (마24:35)
10 주의 재림 때까지 성실하게 살아가도록

* 제 1권 훈련 과정 수료행사

• 기도후원자 대회
• 금요 심야 기도회 등을 이용하면 좋음
• 중요! 기도후원자 초청

간증 성구암송시범 합심기도 격려

크리스천라이프센터 (CLC)

기독교 최초의 N.G.O인 기독교윤리실천운동을 모체로 하여 2006년도에 출범하였다. 섬김, 나눔, 치유를 그 핵심가치로 삼고 이 포스트모던 시대에 개인, 가정, 교회, 사회에서 성경적 원리를 실생활에 적용하는 그리스도인의 삶을 살도록 돕는 일을 하고 있다. 자문으로 손봉호, 홍정길, 김명혁, 이사장으로 이문희, 공동대표로 이의용, 노용찬, 이진우, 사무총장에 신산철 목사가 섬기고 있다. 활동 영역으로는 건강교회 운동, 지역사회복지운동, 건강 가정운동, 기독가족상담소가 있다. 특히 건강교회 운동에서는 건강교회 아카데미, 목회자 포럼, 작은 교회를 위한 겨자씨 가정축제 등을 지속적으로 개설하고 있다.

http://www.christianlife.kr

이 책의 목적과 특징

1 사회적으로 배척을 받고 있는 한국교회. 더 이상 교회안의 내용으로만 가득한 훈련을 지속할 수는 없다. 가정, 사회, 세상을 바꿔가는 그리스도의 증인 만들기. **21세기 평신도 훈련**

2 교인 수 200여명 미만이 80%를 차지하는 한국교회에 적합한 눈높이 교재의 긴급성, 학습 분량, 과제, 난이도의 낮춤. **중·소형 교회를 위한 제자훈련**

저자 소개

저자 이진우 목사는 주님이 기뻐하시는 교회에 대한 목마름을 가지고 사는 목회자이다. 농촌마을 보령에서 자랐으며, 철도고등학교에 진학하며 처음 서울에 왔다. 잠시 공무원 생활을 마치고 총신대 종교교육학과와 동 신학대학원, 그리고 아세아연합신학대 대학원을 마쳤다. 그후 영국의 카펜웨이 바이블 스쿨을 수료하고 미국 리버티침례신학교를 마쳤다. 예장 총회교육국의 간사로, 서울 숭의여중고 교목으로 봉직했으며, 영국 코벤트리 한인교회를 담임했다. 십수 년 간 지하철 사랑의 편지 필자로 섬겼으며 기윤실 건강교회운동 위원장으로 봉사했다. 현재는 판교 하늘소망 교회 담임목사로서 크리스천라이프센타 공동대표, 총신대 강사, 그리고 EATS신학교 교장으로 섬기고 있다. 교회 홈페이지 www.Hhchurch.org

저서로 「21C평신도 훈련」시리즈, 「성경책별 집중 탐구」, 「성경인물 탐구」와 단행본 「목사와 평신도」, 「요즘 내 아이 어떻게 키울까」, 「교사 그 위대한 힘을 꺼내라」와 「짧은 말씀 깊은 생각」시리즈, 그리고 「신나는 주일학교 만들기」, 「십대 신앙 상담 100」, 「청소년 설교 이렇게」등 교회 교육물이 있다. 논문으로는 「THE INFLUENCE OF SHAMANISM ON KOREAN CHURCHES AND THE OVERCOME」이 있다.

초판 1쇄 발행 | 2010년 6월 15일

지은이 | 이진우

펴낸이 | 황성연

펴낸곳 | 글샘 출판사

주소 | 서울특별시 중랑구 상봉동 136-1 성신빌딩 3층

등록 | 제6-0634호

ISBN | 978-89-913-5824-9

총판 | 하늘물류센터

전화 | 031 947 7777

팩스 | 031 947 9753

ⓒ | 이진우 2010 Printed in korea

북디자인 | 하늘기획

● 잘못 만들어진 책은 구입한 곳에서 친절히 바꾸어 드립니다.

● 글샘은 가정사역을 위한 하늘기획의 또 다른 이름입니다.